Stilke's Rechtsbibliothek Nr. 116
Die Gesetze des Deutschen Reichs und der deutschen Länder
mit systematischen Erläuterungen

# Gesetz gegen Waffenmißbrauch

Erläutert

von

**Dr. Werner Hoche**
Ministerialrat
im Reichsministerium
des Innern

und

**Kurt Schönner**
Ministerialrat
im Preußischen Ministerium
des Innern



1931

Verlag von Walter de Gruyter & Co. in Berlin

# Inhaltsübersicht

# Abkürzungen

| | | |
|---|---|---|
| BayObLG. | = | Bayerisches Oberstes Landesgericht |
| Begr. | = | Amtliche Begründung des Entwurfs eines Gesetzes gegen Waffenmißbrauch (Drucksachen des Reichstags, 5. Wahlperiode, Nr. 810) |
| DJZ. | = | Deutsche Juristen-Zeitung |
| Ebermayer | = | Ebermayer, Lobe, Rosenberg. Das Reichs-Strafgesetzbuch. 4. Auflage, 1929 |
| Hoche | = | Hoche, Kommentar zum Schußwaffengesetz. 3. Auflage, 1931 |
| JMBl. | = | Justiz-Ministerialblatt |
| JW. | = | Juristische Wochenschrift |
| KG. | = | Kammergericht |
| MBliV. | = | Ministerialblatt für die preußische innere Verwaltung |
| OLG. | = | Oberlandesgericht |
| RG. | = | Reichsgericht |
| RGBl. | = | Reichsgesetzblatt |
| RGStraff. | = | Entscheidungen des Reichsgerichts in Strafsachen |
| Schneidewin | = | Schneidewin, Erläuterung des Schußwaffengesetzes in Stenglein, Strafrechtliche Nebengesetze, Band 2, S. 484 ff. |
| Schönner-Salewski | = | Schönner u. Salewski, Kommentar zum Schußwaffengesetz. 2. Auflage, 1929 |
| StGB. | = | Strafgesetzbuch |

I.

# Einleitung

## A. Übersicht über den bisherigen Rechtszustand

Das Reichsrecht hatte sich bisher mit den Hieb- und Stoßwaffen nur gelegentlich und an zerstreuten Stellen befaßt. So verbietet § 56 Abs. 2 Nr. 8 der Gewerbeordnung ihren Verkauf und ihr Feilbieten im Umherziehen. § 367 Nr. 9 des Strafgesetzbuchs bedroht den mit Strafe, der einem gesetzlichen Verbote zuwider Stoß- oder Hiebwaffen, die in Stöcken oder Röhren oder in ähnlicher Weise verborgen sind, feilhält oder mit sich führt. § 360 Nr. 2 des Strafgesetzbuchs bedroht den mit Strafe, der außerhalb seines Gewerbebetriebes heimlich oder wider das Verbot der Behörde Vorräte von Waffen aufsammelt. Abgesehen hiervon war die etwaige Regelung des Erwerbes, des Führens und des Besitzes von Hieb- und Stoßwaffen dem Landesrecht überlassen. Die Länder haben diese Materie teils gar nicht, teils sehr verschiedenartig geregelt. Einzelne Länder haben eine Regelung für ihr ganzes Gebiet vorgenommen, andere, so insbesondere Preußen, haben sie örtlichen oder Bezirks-Polizeiverordnungen überlassen. Soweit eine Regelung erfolgt ist, ist sie inhaltlich ganz verschieden. Bisweilen ist bestimmten Personengruppen, z. B. Zigeunern und Landstreichern, das Führen von Hieb- oder Stoßwaffen verboten, bisweilen ist der Erwerb und das Führen von polizeilicher Erlaubnis abhängig gemacht. Einige Polizeiverordnungen beschränken auch den Handel mit diesen Waffen und schreiben den Handeltreibenden eine Buchführungspflicht vor.

Nach Erlaß des Gesetzes über Schußwaffen und Munition vom 12. April 1928 (RGBl. I S. 143), das den Erwerb von Schußwaffen erheblich erschwert hatte, nahm das Führen von Hieb- und Stoßwaffen in der Öffentlichkeit so zu, daß reichsrechtliche Vorschriften zur Beschränkung des Führens dieser Waffen unabweisbar wurden. Daneben erschien es dringend notwendig, den bewaffneten Ausschreitungen bei politischen Zusammenstößen in der Öffentlichkeit, die sich zu einer Gefahr für die öffentliche Sicherheit und Ordnung ausgewachsen hatten, mit aller Schärfe entgegenzutreten. Zur Bekämpfung dieser Mißstände erging die Verordnung des Reichspräsidenten auf Grund des Artikel 48 der Reichsverfassung gegen Waffenmißbrauch vom 25. Juli 1930 (RGBl. I S. 352). Diese Verordnung entspricht fast wörtlich dem vorliegenden Gesetz gegen Waffenmißbrauch. Über die Auslegung ihrer Rechtsbegriffe vgl. die Aufsätze von Hoche in „Die Polizei" 1930, S. 476, und Schäfer in „Juristische Rundschau" 1930, S. 184. Zur Ausführung der Verordnung erging in Preußen die Ausführungsverordnung vom 2. Oktober 1930 (MBliV. S. 874), in Bayern die Vollzugsbekanntmachung des Staatsministers des Innern vom 4. August 1930 („Bayerische Staatszeitung" Nr. 180). Die Verordnung ist mit dem 29. März 1931 außer Kraft getreten (Verordnung vom 28. März 1931, RGBl. I S. 78) und durch das an diesem Tage in Kraft getretene Gesetz gegen Waffenmißbrauch abgelöst worden.

## B. Entstehungsgeschichte des Gesetzes gegen Waffenmißbrauch

Bereits bei Beratung des Gesetzes gegen Schußwaffen und Munition im Reichsrat war von einer Reihe von Ländern eine einheitliche reichsrechtliche Regelung auch des Verkehrs mit Hieb- und Stoßwaffen gefordert worden. Die Verhandlungen zwischen den beteiligten Reichs- und Landesstellen über die Schaffung eines solchen Reichsgesetzes zogen sich aber längere Zeit hin, da zunächst Klarheit darüber geschaffen werden mußte, in welchem Umfange eine reichsrechtliche Regelung dieser Materie zweckmäßig wäre. Abweichend von dem Gesetz über Schußwaffen und Munition, das Herstellung, Handel, Erwerb, Einfuhr, Besitz und Führen von Schußwaffen und Munition in seine Regelung einbezogen hat, wurde übereinstimmend eine so eingehende Regelung bei den im allgemeinen weniger gefährlichen Hieb- und Stoßwaffen nicht für erforderlich erachtet, vielmehr ein grundsätzliches reichsrechtliches Verbot des **Führens** dieser Waffen in der Öffentlichkeit als hinreichende Abwehrmaßnahme gegen die in Erscheinung getretenen Mißstände angesehen.

Am 13. Dezember 1930 legte der Reichsminister des Innern dem **Reichsrat** den Entwurf des Gesetzes gegen Waffenmißbrauch vor (Drucksachen des Reichsrats Tagung 1930 Nr. 202). Die Reichsratsvorlage unterschied sich von der Verordnung des Reichspräsidenten gegen Waffenmißbrauch vom 25. Juli 1930, abgesehen von einigen unwesentlichen Wortlautänderungen, nur durch die Einschaltung folgender Bestimmung (§ 3):

„Der Erlaß weitergehender Beschränkungen des Führens von Hieb- oder Stoßwaffen durch die Länder ist unzulässig; auch dürfen die Länder die Herstellung, den Handel, den Erwerb und den Besitz von Hieb- oder Stoßwaffen nicht beschränken. Soweit Beschränkungen dieser Art bestehen, treten sie mit dem Inkrafttreten dieses Gesetzes außer Kraft."

Diese Vorschrift wollte der Schaffung einheitlichen Reichsrechts und der Beseitigung der unübersichtlichen landesrechtlichen Vorschriften dienen. Die Reichsratsvorlage war der Ansicht, daß bei einer scharfen reichsrechtlichen Strafvorschrift gegen das Führen von Hieb- und Stoßwaffen Beschränkungen der Herstellung, des Handels, des Erwerbes und des Besitzes nicht weiter erforderlich seien, und daß im Interesse der Rechtseinheit die in dieser Richtung bestehenden landesrechtlichen Bestimmungen außer Kraft zu treten hätten. In den Ausschüssen des Reichsrats ging jedoch die einmütige Meinung dahin, daß es in der gegenwärtigen Zeit der gespannten innerpolitischen Gegensätze, die fast täglich zu bewaffneten Ausschreitungen führen, nicht angängig sei, landesrechtliche Vorschriften zu beseitigen, die der Verhinderung von Gewalttätigkeiten dienen, ohne sie durch entsprechende reichsrechtliche Vorschriften zu ersetzen. Die Reichsregierung konnte sich diesen Ausführungen nicht verschließen und zog daraufhin den § 3 zurück. Auf die mit dem Gesetze beabsichtigte reichsrechtliche Regelung des gesamten Verkehrs mit Hieb- und Stoßwaffen mußte unter diesen Umständen verzichtet und die Einheitlichkeit auf die Vorschriften über das Führen dieser Waffen beschränkt werden. In dieser abgeänderten Fassung und unter Einschaltung der in der Regierungsvorlage nicht enthaltenen jetzigen Nr. 4 des § 2 (Befreiungsvorschrift für die Inhaber von Waffenscheinen) stimmte der Reichsrat in der Vollsitzung vom 12. Februar 1931 mit Mehrheitsbeschluß dem Entwurfe zu.

Am 21. Februar 1931 wurde der Gesetzentwurf dem Reichstag vorgelegt (Reichstagsdrucksachen V. Wahlperiode Nr. 810). Der Rechtsausschuß des Reichstags, dem der Entwurf nach der 1. Lesung überwiesen war, stimmte ihm am 12. März 1931 debattelos zu (Bericht des 13. Ausschusses in Reichstagsdrucksachen V. Wahlperiode Nr. 902). Die zweite Lesung des Entwurfs im Plenum des Reichstags fand debattelos am 24., die dritte am 25. März 1931 statt (Stenographische Berichte S. 1921, 1975, 1997).

Das Gesetz gegen Waffenmißbrauch vom 28. März 1931 ist in der am 28. März 1931 ausgegebenen Nr. 10 des Reichsgesetzblatts Teil I, Seite 77, verkündet worden. Gemäß § 4 Abs. 1 ist es somit am 29. März 1931 in Kraft getreten. Gleichzeitig ist die Verordnung des Reichspräsidenten gegen Waffenmißbrauch vom 25. Juli 1930 außer Kraft getreten (VO. v. 28. März 1931, RGBl. I S. 78).

## C. Überblick über den Inhalt des Gesetzes

Das Gesetz gliedert sich in 3 Abschnitte. Abschnitt I (§§ 1, 2) befaßt sich lediglich mit Hieb- und Stoßwaffen im technischen Sinne. Als solche Waffen bezeichnet er die, die ihrer Natur nach dazu bestimmt sind, durch Hieb, Stoß oder Stich Verletzungen beizubringen. Wie bereits vorstehend unter B ausgeführt ist, hat das Gesetz nicht den gesamten Verkehr mit Hieb- und Stoßwaffen geregelt, sondern sich darauf beschränkt, das Führen dieser Waffen in der Öffentlichkeit zu verbieten und Zuwiderhandlungen unter Strafe zu stellen. Und zwar ist mit Gefängnis bis zu einem Jahre und mit Geldstrafe oder mit einer dieser Strafen zu bestrafen, wer außerhalb seiner Wohnung, seiner Geschäftsräume oder seines befriedeten

Besitztums eine Hieb- oder Stoßwaffe führt (§ 1). § 2 zählt, nach Personengruppen geordnet, die Fälle auf, in denen in Abweichung von dem grundsätzlichen Verbot des § 1 das Führen von Hieb- und Stoßwaffen in der Öffentlichkeit gestattet ist.

Abschnitt II (§ 3) will den Ausschreitungen entgegentreten, die durch den Gebrauch von Waffen aller Art bei Zusammenstößen politischer Gruppen an öffentlichen Orten in immer steigendem Maße zu einer Gefährdung der öffentlichen Sicherheit und Ordnung geführt haben. Er bezieht sich nicht nur auf Hieb- und Stoßwaffen im Sinne des Abschnitts I, sondern daneben auch auf Schußwaffen sowie auf alle sonstigen Gegenstände, die nach dem Willen des Trägers im Einzelfalle zur Beibringung von Verletzungen, also als Waffe, bestimmt sind. § 3 bedroht mit Gefängnis nicht unter drei Monaten, wer gemeinsam mit anderen zu politischen Zwecken an öffentlichen Orten erscheint und dabei bewaffnet ist.

Abschnitt III (§ 4) regelt das Inkrafttreten des Gesetzes und befristet die Geltungsdauer des Abschnitts II für die Geltungsdauer des Gesetzes zum Schutze der Republik vom 25. März 1930 (RGBl. I S. 91).

## D. Verhältnis des Gesetzes zu den übrigen einschlägigen Vorschriften

### I. Reichsrechtliche Vorschriften

1. Unberührt durch das vorliegende Gesetz sind die §§ 56 Abs. 2 Nr. 8, 148 Abs. 1 Nr. 7a der Gewerbeordnung geblieben, wonach bestraft wird, wer Hieb- oder Stoßwaffen im Umherziehen ankauft oder feilbietet.

2. Dasselbe gilt für § 360 Abs. 1 Nr. 2 des Strafgesetzbuchs, wonach bestraft wird, wer außerhalb seines Gewerbebetriebes heimlich oder wider das Verbot der Behörde Vorräte von Waffen aufsammelt.

3. § 367 Abs. 1 Nr. 9 des Strafgesetzbuchs ist nur noch insoweit von Bedeutung, als er das einem gesetzlichen Verbot zuwider erfolgende Feilhalten von Hieb- oder Stoßwaffen, die in Stöcken oder Röhren oder in ähnlicher Weise verborgen sind, verbietet. Dagegen ist das in dieser Vor-

schrift enthaltene Verbot des „Mitsichführens" solcher Waffen durch § 1 dieses Gesetzes überholt.

4. Die §§ 15, 25 Nr. 2 des Schußwaffengesetzes sind unberührt geblieben. Wird aber eine Zuwiderhandlung gegen § 3 dieses Gesetzes mittels einer Schußwaffe begangen, so findet lediglich dieser § 3 als Spezialgesetz Anwendung.

5. Die §§ 11, 19 des Vereinsgesetzes, die das unbefugte bewaffnete Erscheinen in einer öffentlichen Versammlung oder einem Aufzug, der auf öffentlichen Straßen oder Plätzen stattfindet, mit Strafe bedrohen, behalten ihre Bedeutung nur noch für solche öffentliche Versammlungen und Aufzüge, die keinen politischen Zweck haben. Bei politischem Zweck geht § 3 dieses Gesetzes als Spezialgesetz vor.

## II. Landesrechtliche Vorschriften

Landesrechtliche Vorschriften, die das Führen von Hieb- oder Stoßwaffen im Sinne des § 1 dieses Gesetzes regeln, sind bereits seit Inkrafttreten der Verordnung vom 25. Juli 1930 für die Geltungsdauer dieser Verordnung gegenstandslos geworden; mit Inkrafttreten des vorliegenden Gesetzes sind sie endgültig außer Kraft getreten. Neue Vorschriften dieser Art sind nicht zulässig, Ausnahmen von dem grundsätzlichen Verbot des § 1 dieses Gesetzes sind nur im Rahmen des § 2 Nr. 3 zulässig.

Unberührt von diesem Gesetz sind landesrechtliche Vorschriften geblieben, die den Handel mit diesen Waffen, den Erwerb und das Überlassen oder den Besitz beschränken, da das vorliegende Gesetz den Verkehr mit Hieb- und Stoßwaffen nicht erschöpfend geregelt hat (vgl. die vorstehend zu B dargestellte Entstehungsgeschichte des Gesetzes). Auch neue Vorschriften dieser Art können erlassen werden.

Landesrechtliche Vorschriften, die den Verkehr mit Hieb- und Stoßwaffen im nichttechnischen Sinne (z. B. solchen Messern, die nicht unter § 1 dieses Gesetzes fallen) regeln, sind, soweit nicht etwa die Regelung mit § 3 dieses Gesetzes (unter den auch diese Gegenstände fallen) in Widerspruch steht, unberührt geblieben und können auch künftig neu erlassen werden.

II.

# Gesetz gegen Waffenmißbrauch
## vom 28. März 1931 (RGBl. I S. 77)

Der Reichstag hat das folgende Gesetz beschlossen, das mit Zustimmung des Reichsrats hiermit verkündet wird:

### Abschnitt I

§ 1

(1) Wer außerhalb seiner Wohnung, seiner Geschäftsräume oder seines befriedeten Besitztums eine Waffe führt, die ihrer Natur nach dazu bestimmt ist, durch Hieb, Stoß oder Stich Verletzungen beizubringen (Hieb- oder Stoßwaffe), wird mit Gefängnis bis zu einem Jahre und mit Geldstrafe oder mit einer dieser Strafen bestraft.

(2) Die Waffe kann eingezogen werden, auch wenn sie nicht dem Täter gehört. Kann keine bestimmte Person verfolgt oder verurteilt werden, so kann auf die Einziehung der Waffe selbständig erkannt werden, wenn im übrigen die Voraussetzungen hierfür vorliegen.

§ 2

§ 1 findet keine Anwendung auf

1. Personen, die kraft ihres öffentlich-rechtlichen Dienstverhältnisses zum Führen von Hieb- oder Stoßwaffen berechtigt sind, innerhalb der Grenzen dieser Berechtigung;
2. Personen, die beruflich Hieb- oder Stoßwaffen zu führen pflegen, hinsichtlich dieser Hieb- oder Stoßwaffen bei Ausübung des Berufs und auf den dazugehörigen Hin- und Rückwegen;

3. Personen, die zum Führen von Hieb- oder Stoßwaffen behördlich ermächtigt sind; die behördliche Ermächtigung wird von der zuständigen obersten Reichs- oder Landesbehörde oder der von ihr bestimmten Stelle mit Wirkung für ihren Amtsbereich oder Teile davon allgemein oder für bestimmt zu bezeichnende Anlässe erteilt;
4. Inhaber von Waffenscheinen im Sinne des § 15 des Gesetzes über Schußwaffen und Munition vom 12. April 1928 (RGBl. I S. 143), soweit nicht im Waffenscheine das Führen von Hieb- oder Stoßwaffen ausgeschlossen oder beschränkt ist;
5. Inhaber von Jagdscheinen eines deutschen Landes auf der Jagd und beim Jagdschutz sowie auf den dazugehörigen Hin- und Rückwegen.

## Abschnitt II

### § 3

(1) Wer gemeinsam mit anderen zu politischen Zwecken an öffentlichen Orten erscheint und dabei bewaffnet ist, wird mit Gefängnis nicht unter drei Monaten bestraft.

(2) Die Waffe kann eingezogen werden, auch wenn sie nicht dem Täter gehört. Kann keine bestimmte Person verfolgt oder verurteilt werden, so kann auf die Einziehung der Waffe selbständig erkannt werden, wenn im übrigen die Voraussetzungen hierfür vorliegen.

(3) Die vorstehenden Bestimmungen finden keine Anwendung auf Personen, die kraft ihres öffentlich-rechtlichen Dienstverhältnisses zum Führen von Waffen berechtigt sind, innerhalb der Grenzen dieser Berechtigung.

## Abschnitt III

### § 4

(1) Dieses Gesetz tritt mit dem Tage nach seiner Verkündung in Kraft.

(2) § 3 tritt mit dem Außerkrafttreten des Gesetzes zum Schutze der Republik vom 25. März 1930 (RGBl. I S. 91) außer Kraft.

Berlin, den 28. März 1931.

Der Reichspräsident
von Hindenburg

Der Reichsminister des Innern
Dr Wirth

III.

# Amtliche Begründung zu dem Entwurf eines Gesetzes gegen Waffenmißbrauch

(Drucksachen des Reichstags, V. Wahlperiode 1930, Nr. 810)

## Allgemeines

Nachdem durch das Gesetz über Schußwaffen und Munition vom 12. April 1928 (RGBl. I S. 143) der Verkehr mit Schußwaffen einheitlich für das ganze Reichsgebiet geregelt worden ist, ist das Bedürfnis für den Erlaß einheitlicher Vorschriften auch für den Verkehr mit Hieb- und Stoßwaffen in steigendem Maße hervorgetreten. Gerade infolge der Erschwerung des Erwerbes von Schußwaffen durch das bezeichnete Gesetz hat das Führen von Hieb- und Stoßwaffen in der Öffentlichkeit stark zugenommen und sich immer mehr zu einer Gefahr für die öffentliche Sicherheit und Ordnung ausgewachsen.

Der zur Zeit hinsichtlich des Verkehrs mit Hieb- und Stoßwaffen in Deutschland geltende Rechtszustand ist höchst unübersichtlich. Die Reichsgesetzgebung hat sich mit diesen Waffen bisher nur an einigen verstreuten Stellen befaßt. So verbietet § 56 Abs. 2 Nr. 8 der Gewerbeordnung ihren Ankauf und ihr Feilbieten im Umherziehen; § 360 Nr. 2 des Strafgesetzbuchs bedroht den mit Strafe, der außerhalb seines Gewerbebetriebs heimlich oder wider das Verbot der Behörde Vorräte von Waffen aufsammelt; § 367 Nr. 9 des Strafgesetzbuchs bedroht den mit Strafe, der einem gesetzlichen Verbote zuwider Stoß- oder Hiebwaffen, welche in Stöcken oder Röhren oder in ähnlicher Weise verborgen sind, feilhält oder mit sich führt. Die Frage etwaiger Beschränkungen des Erwerbes, des Besitzes und des Führens von Hieb- und Stoßwaffen ist im übrigen dem Landesrecht überlassen. Die auf diesem Gebiet erlassenen landesrechtlichen Vorschriften weichen stark voneinander ab. Einige Länder haben eine Regelung für ihr gesamtes Gebiet getroffen, andere haben die Regelung örtlichen Polizeiverordnungen überlassen, wieder andere haben gar keine Vorschriften erlassen. Soweit landesrechtliche Regelungen bestehen, sind sie auch inhaltlich sehr verschieden. Bisweilen ist gewissen Personengruppen (z. B. Zigeunern, Landstreichern) das Mitsichführen von Hieb- und Stoßwaffen verboten; bisweilen ist allgemein der Erwerb und das Führen von Hieb- und Stoßwaffen von behördlicher Ermächtigung abhängig gemacht; bisweilen ist auch der Handel mit diesen Waffen beschränkt worden. Die Mannigfaltigkeit und Unübersichtlichkeit der landesrechtlichen Vorschriften hat dazu geführt, daß sie immer weniger beachtet werden, und daß, wie schon erwähnt, das sicherheitgefährdende Mitsichführen von Hieb- und Stoßwaffen in der Öffentlichkeit stark zugenommen hat. Diesen Mißständen soll der Abschnitt I des vorliegenden Gesetzentwurfs entgegentreten.

Eine Reihe von Vorkommnissen in den letzten Monaten hat jedoch gezeigt, daß ein grundsätzliches Verbot des Führens von Hieb- und Stoßwaffen in der Öffentlichkeit, wie es im Abschnitt I des Gesetzentwurfs vorgesehen ist, nicht genügt, um die vielfach beobachteten schweren Erschütterungen der öffentlichen Ordnung und Sicherheit wirksam und ausreichend bekämpfen zu können. Immer wieder ist bei Zusammenstößen politischer Gruppen auf den Straßen von Waffen aller Art Gebrauch gemacht worden. Zahlreiche Tötungen und schwere Körperverletzungen waren die Folge dieser Ausschreitungen. Wenn auch die Strafvorschriften des Schußwaffengesetzes gegen das unbefugte Führen von Schußwaffen und die im § 1 des vorliegenden Gesetzentwurfs enthaltenen Strafvorschriften gegen das unbefugte Führen von Hieb- und Stoßwaffen für den Regelfall ausreichen, so genügen sie nicht, um den Gewalttätigkeiten vorzubeugen, die neuerdings in immer steigendem Maße aus politischen Motiven gegen politisch Andersdenkende in der Öffentlichkeit an der Tagesordnung sind. Aus Gründen der öffentlichen Sicherheit und zur Befriedung des politischen Lebens muß derartigen Ausschreitungen mit aller Strenge entgegengetreten werden. Der Abschnitt II des Gesetzentwurfs enthält daher eine scharfe Strafandrohung gegen das bewaffnete politische Bandentum.

Da die bestehenden gesetzlichen und polizeilichen Vorschriften sich als unzureichend erwiesen hatten, um das eine Gefahr für die öffentliche Sicherheit und Ordnung bildende

Führen von Hieb- und Stoßwaffen in der Öffentlichkeit und das bewaffnete Auftreten radikaler politischer Trupps wirksam zu bekämpfen, und da eine alsbaldige gesetzliche Neuregelung infolge der Auflösung des letzten Reichstags nicht möglich war, hat der Reichspräsident durch die auf Grund des Artikel 48 der Reichsverfassung erlassene Verordnung gegen Waffenmißbrauch vom 25. Juli 1930 (RGBl. I S. 352) die Maßnahmen getroffen, die zur Beseitigung der größten Mißstände nötig waren. Der vorliegende Gesetzentwurf soll an die Stelle dieser in ihrer Geltungsdauer bis zum 1. April 1931 befristeten Verordnung treten. Er stimmt mit ihr fast wörtlich überein.

Im einzelnen

ist zu dem Gesetzentwurfe folgendes zu bemerken:

Zu § 1

Der Entwurf sieht aus praktischen Gründen davon ab, die Waffen, deren Führen er verbietet, im Gesetze selbst einzeln aufzuführen. Eine solche Aufzählung könnte niemals alle in Frage kommenden Waffen umfassen, zumal die Bezeichnung dieser Waffen (z. B. der Totschläger) in verschiedenen Gegenden verschieden ist. Die Aufzählung hätte auch mit größter Wahrscheinlichkeit zur Folge, daß alsbald neue Gegenstände hergestellt würden, die nicht unter die Begriffsbestimmungen der Aufzählung fallen, aber den aufgeführten Waffen an Gefährlichkeit nicht nachstehen. § 1 enthält daher eine nach objektiven Merkmalen aufgestellte gesetzliche Festlegung des Begriffs der Hieb- und Stoßwaffen, und zwar dahin, daß hierunter Waffen fallen, die ihrer Natur nach dazu bestimmt sind, durch Hieb, Stoß oder Stich Verletzungen beizubringen. Diese Begriffsbestimmung, die aus der Rechtsprechung übernommen ist (vgl. Entscheidungen des Reichsgerichts in Strafsachen Bd. 44 S. 140), stellt klar, daß dem Verbote nur solche Gegenstände unterliegen sollen, denen nach der Art ihrer Anfertigung oder nach der herrschenden Verkehrsauffassung von vornherein der Begriff einer Waffe zukommt. Dagegen sollen Gegenstände, die nicht ihrer Natur nach, sondern nur nach dem Willen des Trägers im Einzelfall als Waffen bestimmt sind, dem Abschnitt I des Gesetzes nicht unterfallen. Die gesetzliche Begriffsbestimmung erfordert nicht, daß die Waffe zur Verletzung „eines Menschen“ bestimmt ist. Auch Gegenstände, die ihrer Natur nach zur Verletzung von Tieren bestimmt sind, z. B. Schlächtermesser, Hirschfänger, Jagdknicker, müssen wegen ihrer Gefährlichkeit, und da sie erfahrungsgemäß oft zur Verletzung von Menschen gebraucht werden, dem Gesetz unterliegen. Schlagwaffen sind im § 1 nicht ausdrücklich aufgeführt, da sie schon unter den Begriff der Hiebwaffen fallen.

Als Beispiele für Waffen, die hiernach dem Verbote des § 1 unterliegen, seien folgende angeführt: Stahlruten, Totschläger, Gummiknüppel, sogenannte Hampelmänner (Gummischläuche, Stricke oder Riemen, die mit Metall oder anderer Beschwerung versehen sind), Ochsenziemer, Schlagringe, Schlageisen, Dolche, Stilette, Degen, Säbel, Seitengewehre, Stockdegen; ferner die bereits erwähnten Schlächtermesser, Hirschfänger und Jagdknicker.

Dem Verbote des § 1 unterliegen dagegen beispielsweise nicht: Zierwaffen aller Art, wie Paradeschläger und sonstige Vereins-, Ausstattungs- und Dekorationswaffen, da sie nicht scharf geschliffen und somit ihrer Natur nach nicht zur Beibringung von Verletzungen bestimmt sind; ferner nicht Gebrauchsmesser, wie Taschenmesser, Brotmesser und sonstige Küchen- und Tischmesser, Beile, Äxte, Sensen, Sicheln, Spaten, Spazierstöcke. Inwieweit Messer mit feststehender oder feststellbarer Klinge von dem Verbote des § 1 betroffen werden, beurteilt sich nach den Umständen des Einzelfalles, wobei auch die örtlichen Gepflogenheiten zu berücksichtigen sein werden.

Bei der Vorbereitung des Gesetzentwurfs ist eingehend erwogen worden, in welchem Umfang eine Beschränkung des Verkehrs mit Hieb- und Stoßwaffen notwendig und zweckmäßig ist. Während das Gesetz über Schußwaffen und Munition Herstellung, Handel, Erwerb, Einfuhr, Besitz und Führen von Schußwaffen und Munition in seine Regelung einbezogen hat, hält die Reichsregierung bei den Hieb- und Stoßwaffen so eingreifende reichsgesetzliche Vorschriften nicht für notwendig. Der Entwurf hat sich deshalb darauf beschränkt, das Verbot dort einsetzen zu lassen, wo die Gefährlichkeit dieser

Waffen am sichtbarsten in Erscheinung tritt und wo die Durchführung des Verbots mit verhältnismäßiger Sicherheit zu erzwingen ist, nämlich bei dem Führen der Waffe in der Öffentlichkeit.

Hierbei war zu erwägen, ob das Führen von Hieb- und Stoßwaffen ebenso wie bei Schußwaffen etwa in der Weise zu regeln sei, daß es von der Erteilung eines Waffenscheins abhängig gemacht werden solle. Eine solche Regelung erscheint jedoch, jedenfalls allgemein, nicht zweckmäßig. In einer Reihe preußischer Polizeiverordnungen war bisher ein Waffenschein auch für das Führen von Hieb- und Stoßwaffen für erforderlich erklärt. Die Erfahrungen haben gezeigt, daß von der Möglichkeit, sich einen solchen Schein ausstellen zu lassen, nur in einer verschwindend geringen Zahl von Fällen Gebrauch gemacht worden ist. Der Entwurf hat daher grundsätzlich ein Verbot des Führens von Hieb- und Stoßwaffen ausgesprochen. Soweit im Einzelfall ausnahmsweise ein Bedürfnis zum Führen einer solchen Waffe besteht, wird dem durch die Ausnahmevorschriften des § 2 Rechnung getragen.

In der Ausgestaltung des Verbots lehnt sich der Entwurf an die Fassung des § 15 des Schußwaffengesetzes an. Der Begriff des Führens einer Waffe ist in Rechtsprechung und Schrifttum klargestellt. Es ist darunter nicht jedes Beisichtragen zu verstehen, sondern „ein Führen" einer Waffe liegt nur dann vor, wenn das Beisichtragen zu dem Zweck erfolgt, gegebenenfalls von ihr Gebrauch zu machen.

Um das mit dem Entwurfe verfolgte Ziel zu erreichen, ist eine erhebliche Strafdrohung notwendig. Bei Zuwiderhandlungen gegen § 1 ist daher an erster Stelle Gefängnisstrafe bis zu 1 Jahre vorgesehen.

Abs. 2 ermöglicht die Einziehung der Waffe, gegebenenfalls im sogenannten objektiven Strafverfahren. Sein Wortlaut ist dem Sprachgebrauche des Entwurfs eines Allgemeinen Deutschen Strafgesetzbuchs (vgl. dort § 178 Abs. 2, § 267 Abs. 2, § 54) angepaßt.

## Zu § 2

§ 2 enthält die Ausnahmen, die von dem grundsätzlichen Verbote des § 1 aus praktischen Erwägungen zuzulassen sind. Zu seinen einzelnen Bestimmungen ist folgendes zu bemerken:

Zu Nr. 1. Unter Nr. 1 fallen die Angehörigen der deutschen Wehrmacht und die kraft dienstlicher Anordnung zum Führen von Hieb- und Stoßwaffen berechtigten Beamten des Reichs, der Länder und Gemeinden sowie alle sonstigen in einem öffentlich-rechtlichen Dienstverhältnisse stehenden Beamten, z. B. die Reichsbahnbeamten.

Zu Nr. 2. Unter diese Ausnahmebestimmung fallen z. B. die Schlächter hinsichtlich der Schlächtermesser.

Zu Nr. 3. Diese Vorschrift lehnt sich in der Fassung des Halbsatzes 1 an § 11 des Vereinsgesetzes an. Wie bereits zu § 1 erwähnt ist, wird durch sie dem im Einzelfalle vorhandenen Bedürfnis, eine Hieb- oder Stoßwaffe, z. B. einen Gummiknüppel oder einen Schlagring, zur Verteidigung mit sich zu führen, Rechnung getragen. Die Zuständigkeit zur Erteilung der Ermächtigung regelt Halbsatz 2. Die Abgrenzung der Zuständigkeit ist durch die Worte: „von der zuständigen obersten Reichs- oder Landesbehörde" und „mit Wirkung für ihren Amtsbereich" klargestellt. Hiernach sind z. B. die obersten Reichsbehörden oder die von ihnen bestimmten Stellen in der Lage, ihrem Personal, das nicht in öffentlich-rechtlichem Dienstverhältnisse steht (also nicht schon unter die Nr. 1 des § 2 fällt), z. B. einem im Arbeitsverhältnis stehenden Wächter, das Führen einer Hieb- oder Stoßwaffe zu gestatten. Die Erteilung der Ermächtigung an nicht mit öffentlichen Funktionen betraute Personen ist dagegen Sache der Länder. Hierbei können die Länder nach eigenem Ermessen bestimmen, unter welchen Voraussetzungen und in welcher Form (z. B. Ausstellung eines Waffenscheins) sie die Ermächtigung erteilen wollen.

Zu Nr. 4. Diese Vorschrift gibt dem Inhaber eines Schußwaffenscheins die Möglichkeit, an Stelle der Schußwaffe eine Hieb- oder Stoßwaffe zu führen, da diese im allgemeinen eine weniger gefährliche Waffe sein wird. Mit Rücksicht auf die besondere Gefährlichkeit einzelner Hieb- und Stoßwaffen müssen jedoch Beschränkungen zulässig sein.

Zu Nr. 5. Diese Vorschrift trägt in Anlehnung an § 21 des Schußwaffengesetzes den besonderen Interessen der Jäger Rechnung.

## Zu §§ 3 und 4

Die Strafdrohung des § 3 will den Fall treffen, daß eine Mehrzahl von Personen zu politischen Zwecken an öffentlichen Orten erscheint, und daß eine oder einige von diesen Personen bewaffnet sind. Die Bestimmung ist ohne Beschränkung auf Eigenschaft und politische Stellung der Täter lediglich auf das öffentliche Erscheinen zu politischen Zwecken abgestellt. Ob ein politischer Zweck vorliegt, wird sich im Einzelfalle regelmäßig ohne Schwierigkeiten feststellen lassen. Er wird insbesondere immer dann gegeben sein, wenn Mitglieder politischer Verbindungen, insbesondere von Wehrverbänden, in der Öffentlichkeit zu mehreren demonstrierend auftreten. Der Begriff der „öffentlichen Orte" liegt in der Gesetzessprache fest. Er findet sich z. B. in den §§ 42a, 42b, 43, 60a der Gewerbeordnung und umfaßt nach feststehender Auslegung alle Orte, die dem Publikum unbeschränkt oder gegen Erfüllung gewisser Bedingungen, z. B. Zahlung eines Eintrittsgeldes, zugängig sind. Es fallen daher unter diesen Begriff in erster Linie die öffentlichen Wege, Straßen und Plätze, ferner Wirtschaften, Bahnhöfe und Theater, also alle die Orte, an denen sich die Notwendigkeit eines Schutzes gegen politische Ausschreitungen in der letzten Zeit besonders bemerkbar gemacht hat. Der Begriff des „bewaffneten Erscheinens" liegt gleichfalls gesetzestechnisch fest. Er findet sich in §§ 11, 19 des Vereinsgesetzes. Waffe im Sinne dieser Vorschrift ist jeder Gegenstand, der entweder bei seiner Anfertigung von vornherein oder nach dem Willen des Trägers im Einzelfalle dazu bestimmt ist, sei es im Angriff, sei es in der Verteidigung, Verletzungen zuzufügen, und bewaffnet ist jeder, der einen Gegenstand der vorbezeichneten Art oder Bestimmung bei sich trägt und sich dessen bewußt ist (vgl. Entscheidungen des Reichsgerichts in Strafsachen Bd. 44 S. 140). Aus gesetzestechnischen Gründen ist im § 3 nicht ausdrücklich der in den §§ 11, 19 des Vereinsgesetzes enthaltene Wortlaut „bewaffnet erscheint" gewählt worden, da die Fassung „Wer gemeinsam mit anderen zu politischen Zwecken an öffentlichen Orten bewaffnet erscheint" die Folgerung rechtfertigen könnte, daß sich das Wort „gemeinsam" auch auf „bewaffnet" bezieht, daß also mehrere der Erschienenen bewaffnet sein müssen, während die Strafdrohung tatsächlich bereits dann gerechtfertigt ist, wenn eine der mehreren Personen eine Waffe führt. Aber auch die im § 3 vorgesehene Auseinanderziehung des Tatbestandes („erscheint und dabei bewaffnet ist") läßt klar erkennen, daß hier dieselbe Tätigkeit mit Strafe bedroht wird, die die §§ 11, 19 des Vereinsgesetzes für ihren Wirkungsbereich verbieten, nämlich das Anwesendsein mit Waffen im weitesten Sinne. Auch in der vorbezeichneten Entscheidung des Reichsgerichts ist ausgesprochen, daß unter „erscheinen" lediglich „anwesend sein" zu verstehen ist.

Im Verhältnis zu §§ 11, 19 des Vereinsgesetzes hat der § 3 des vorliegenden Gesetzentwurfs als Spezialvorschrift zu gelten.

Der mit dieser Vorschrift verfolgte Zweck einer wirksamen Bekämpfung des bewaffneten politischen Bandentums kann nur verwirklicht werden, wenn Zuwiderhandlungen eine empfindliche Strafe zur Folge haben. Nur so kann erreicht werden, daß die Waffe als Ausdrucksform der politischen Meinung von der Straße verschwindet. Hierzu erscheint eine Geldstrafe nicht ausreichend. Der Entwurf sieht daher bei Zuwiderhandlung gegen § 3 Gefängnisstrafe nicht unter drei Monaten vor.

Es besteht die Hoffnung, daß die Zuspitzung der politischen Gegensätze und ihre Austragung durch Gewalttätigkeiten, die zur Zeit eine besondere Bekämpfung durch die Bestimmungen des § 3 erfordern, mit der Zeit verschwinden und wieder normale Verhältnisse eintreten werden, unter denen die Vorschriften des Schußwaffengesetzes, des § 1 dieses Gesetzes und der §§ 11, 19 des Vereinsgesetzes als ausreichende Schutzmaßnahmen erscheinen werden. Der Entwurf will daher die Bestimmungen des § 3 nicht als Dauervorschrift in das deutsche Strafrecht einfügen, sondern sie nur so lange in Kraft halten, als die gegenwärtigen unruhigen Zeiten besondere Maßnahmen notwendig machen. Da die gesetzgeberischen Gründe, die dem § 3 zugrunde liegen, nämlich die Bekämpfung politischer Gewalttätigkeiten und die Befriedung des politischen Lebens, dieselben sind, die auch zum Erlasse des Gesetzes zum Schutze der Republik geführt haben, bestimmt § 4 Abs. 2 des Entwurfs das Außerkrafttreten des § 3 zugleich mit dem Außerkrafttreten des Republikschutzgesetzes, also spätestens am 31. Dezember 1932.

IV.

# Erläuterung des Gesetzes gegen Waffenmißbrauch

## vom 28. März 1931 (RGBl. I S. 77)

Der Reichstag hat das folgende Gesetz beschlossen, das mit Zustimmung des Reichsrats hiermit verkündet wird:

### Abschnitt I

### § 1

**(1) Wer außerhalb seiner Wohnung, seiner Geschäftsräume oder seines befriedeten Besitztums eine Waffe führt, die ihrer Natur nach dazu bestimmt ist, durch Hieb, Stoß oder Stich Verletzungen beizubringen (Hieb- oder Stoßwaffe), wird mit Gefängnis bis zu einem Jahre und mit Geldstrafe oder mit einer dieser Strafen bestraft.**

**(2) Die Waffe kann eingezogen werden, auch wenn sie nicht dem Täter gehört. Kann keine bestimmte Person verfolgt oder verurteilt werden, so kann auf die Einziehung der Waffe selbständig erkannt werden, wenn im übrigen die Voraussetzungen hierfür vorliegen.**

#### 1. Begriff der Hieb- oder Stoßwaffe

##### a) Allgemeines

Das Gesetz hat aus praktischen Gründen davon abgesehen, die Waffen, deren Führen es verbietet, einzeln aufzuzählen, da eine katalogmäßige Aufführung niemals alle in Frage kommenden Gegenstände erschöpfend erfassen könnte. Es hat vielmehr den in der Gesetzessprache schon bekannten (vgl. § 56 Abs. 2 Nr. 8 der Gewerbeordnung, § 367 Nr. 9 des Strafgesetzbuches) Begriff der Hieb- oder Stoßwaffen nach objektiven Merkmalen gesetzlich festgelegt. Die

Begriffsbestimmung ist aus der Rechtsprechung übernommen. So hat das Reichsgericht (Entsch. in Strafsachen Bd. 44 S. 140) bei Auslegung der §§ 11, 19 des Vereinsgesetzes den Begriff einer Waffe der hier in Rede stehenden Art dahin definiert, daß darunter ein Gegenstand zu verstehen ist, der „schon bei seiner Anfertigung von vornherein ... dazu bestimmt ist, sei es im Angriff, sei es in der Verteidigung, Verletzungen zuzufügen". Ähnlich läßt das Preußische Oberverwaltungsgericht (Entsch. Bd. 66 S. 323) unter diesen Begriff diejenigen Gegenstände fallen, „welche zur Zufügung von Verletzungen beim Angriff oder bei der Verteidigung geeignet und hierzu ... nach ihrem natürlichen Zwecke ... bestimmt sind", also „diejenigen, denen nach der Art ihrer Anfertigung oder Zurichtung der technische Begriff einer Waffe zukommt". An diese Rechtsprechung lehnt sich § 1 an mit seiner Legaldefinition der Hieb- oder Stoßwaffe als einer Waffe, „die ihrer Natur nach dazu bestimmt ist, durch Hieb, Stoß oder Stich Verletzungen beizubringen".

b) Die einzelnen Merkmale des Begriffs

1. Das Wort „Waffe" im § 1 hat keine selbständige rechtliche Bedeutung. Es steht nur der Sinnfälligkeit wegen an Stelle des Wortes „Gegenstand" und erhält seinen rechtlichen Inhalt erst durch den zugefügten Relativsatz.

2. „Ihrer Natur nach dazu bestimmt", Verletzungen beizubringen. Diese Worte enthalten das zu a erwähnte objektive Merkmal der Hieb- oder Stoßwaffe. Sie stellen in Anlehnung an die bisherige Rechtsprechung klar, „daß dem Verbote nur solche Gegenstände unterliegen sollen, denen nach der Art ihrer Anfertigung oder nach der herrschenden Verkehrsauffassung von vornherein der Begriff einer Waffe zukommt. Dagegen sollen Gegenstände, die nicht ihrer Natur nach, sondern nur nach dem Willen des Trägers im Einzelfall als Waffen bestimmt sind, dem Abschnitt I des Gesetzes nicht unterfallen" (Begr. zu § 1). Nicht jedes gefährliche Werkzeug ist somit Waffe im Sinne des § 1, auch wenn es geeignet ist, Verletzungen beizubringen, und wenn es der Träger im Einzelfall als Waffe benutzen will (sog. Hieb- und Stoßwaffen im nichttechnischen Sinne). Gegenstände, die ihrer Natur nach Gebrauchsgegenstände sind, unterliegen daher nicht dem Verbote des § 1. So werden z. B. ein Hammer, ein Beil, ein Rasiermesser nicht dadurch zu Hieb- oder Stoßwaffen im Sinne des § 1, daß der Träger sie in der Absicht bei sich führt, mit ihnen Verletzungen beizubringen.

Entscheidend für den Begriff der Hieb- oder Stoßwaffe im Sinne des § 1 ist also weder die Geeignetheit des Gegenstandes zur Beibringung von Verletzungen noch die subjektive Zweckbestimmung durch den Träger, sondern ihre objektive Zweckbestimmung als Waffe, d. h. als Gegenstand zur Beibringung von Verletzungen (sog. Hieb- oder Stoßwaffe im technischen Sinne). Diese objektive Zweckbestimmung kann dem Gegenstande schon bei seiner ersten Anfertigung gegeben sein. Dies ist z. B. bei Dolchen, Totschlägern, Stahlruten, Schlagringen usw. der Fall. Sie kann auch auf einer späteren Zurichtung beruhen. Es erhält z. B. ein Pfriemen oder Streicher, die ihrer Natur nach Handwerkszeug sind, durch Zuspitzung die Natur einer Stichwaffe. Ebenso wird ein lediglich zu Paradezwecken bestimmter stumpfer Schläger durch Schleifen eine ihrer Natur nach zur Beibringung von Verletzungen bestimmte Hiebwaffe.

Es wird nicht bei allen Gegenständen ohne weiteres klar sein, ob sie „ihrer Natur nach“ Waffe oder Gebrauchsgegenstand sind. Hier wird die herrschende Verkehrsauffassung, bei der auch örtliche Gepflogenheiten berücksichtigt werden können, der Entscheidung zugrunde zu legen sein. Ein Beispiel hierfür bieten gewisse Messer mit feststehender Klinge; näheres über diese vgl. nachstehend zu e.

3. „Durch Hieb, Stoß oder Stich.“ Diese Worte grenzen den Begriff der Hieb- oder Stoßwaffen von den Schußwaffen ab. Schußwaffen (d. s. Waffen, bei denen ein Geschoß oder eine Schrotladung mittels Entwicklung von Explosivgasen oder Druckluft durch einen Lauf getrieben wird; vgl. § 1 des Gesetzes über Schußwaffen und Munition vom 12. April 1928, RGBl. I S. 143) unterliegen daher nicht dem § 1 des Gesetzes (wohl aber dem § 31). Der Begriff „Hieb“ ist gleichbedeutend mit dem nicht ausdrücklich aufgeführten Begriff „Schlag“. Beispiele für Hiebwaffen: Säbel, Totschläger, Stahlruten, Gummiknüppel, Schlagringe. Die Begriffe „Stoß oder Stich“ werden sich in den meisten Fällen decken. Sprachlich unterscheiden sie sich dadurch, daß von „Stich“ nur gesprochen wird, wenn ein Gegenstand in einen Körper eindringt. Beispiele für Stoß- oder Stichwaffen: Dolche, Stilette, Degen, Florette. Nicht aufgeführt im § 1 ist der Begriff des „Wurfes“. Dieser unterscheidet sich von dem „Stoß“ dadurch, daß zwischen Angreifer und Angegriffenem eine größere räumliche Entfernung besteht. Beispiele: Schleudern (Katapulte), Bogen. Ob auch solche Gegenstände unter das Verbot des § 1 fallen, kann zweifelhaft sein. Man wird die Frage aber nach dem gesetzgeberischen Zwecke des § 1 zu bejahen haben, um so mehr als die Einwirkung durch den Wurf auf den Getroffenen einem Stoße gleichsteht, sie möglicherweise sogar noch übertrifft. Bei den beispielsweise angeführten Schleudern und Bogen wird allerdings im Einzelfall zu prüfen sein, ob es sich um Gegenstände handelt, die „ihrer

Natur nach zur Beibringung von Verletzungen bestimmt" sind oder nur um Kinderspielzeug oder um Sportgerät.

4. „Verletzungen beizubringen". Der Begriff der „Verletzung" deckt sich im wesentlichen mit dem Begriffe der „Körperverletzung" des § 223 StGB., ist also durch eine körperliche Mißhandlung oder Gesundheitsbeschädigung erfüllt. Nach der Rechtsprechung liegt eine Mißhandlung schon in jeder vorsätzlichen und rechtswidrigen Einwirkung auf den Körper eines anderen, durch die eine Störung des körperlichen Wohlbefindens hervorgerufen wird (vgl. RGStraff. Bd. 10 S. 407). Auch Waffen, die keine äußere Verletzung, sondern nur Schmerzen beizubringen bestimmt sind (z. B. Gummiknüppel), sind daher zur Beibringung von „Verletzungen" im Sinne des § 1 bestimmt. Anders als bei dem Begriffe der Körperverletzung im Sinne des Strafgesetzbuchs wird hier nicht vorausgesetzt, daß der Gegenstand bestimmt ist, „einem anderen", also einem Menschen, Verletzungen beizubringen. Unter das Verbot des § 1 fallen vielmehr auch Gegenstände, die ihrer Natur nach zu Verletzungen (oder Tötungen) von Tieren bestimmt sind, z. B. Hirschfänger, Jagdnicker, Schlächtermesser.

### c) Einzelbeispiele von Gegenständen, die dem Verbote des § 1 unterliegen

Degen, Säbel, Florette, studentische Schläger (wenn sie scharf geschliffen sind);

Seitengewehre;

Stockdegen, Verteidigungsstöcke (Stöcke mit Metallspirale, Drahtseil oder Gummiknüppel);

Dolche und Stilette (zwei- oder dreischneidig geschliffene spitze feststehende Klingen mit halber oder ganzer Parierstange);

Totschläger (elastische Schlagwaffen, die an einem Ende entweder an einer Spiralfeder oder an einem elastischen Stocke eine Beschwerung, z. B. eine Bleikugel oder eine ähnliche Metall- oder auch Steinbeschwerung tragen); zu den Totschlägern in weiterem Sinne gehören auch die Stahlruten, ferner Ochsenziemer, Papierstöcke sowie die sog. Hampelmänner (Gummischläuche, Stricke oder Riemen, die mit Metall oder anderer Beschwerung versehen sind);

Gummiknüppel;

Schlagringe, Schlageisen, Raufringe;

Hirschfänger, Jagdnicker;

Schlächtermesser.

### d) Einzelbeispiele von Gegenständen, die nicht dem Verbote des § 1 unterliegen

Zierwaffen aller Art (also nicht scharf geschliffen!), wie Paradeschläger und sonstige Vereins-, Ausstattungs- und Dekorationswaffen;
Beile, Äxte;
Sensen, Sicheln, Rechen, Spaten;
Spazierstöcke;
Knüppel.

### e) Insbesondere die Messer

Bei Messern und messerähnlichen Gegenständen wird sich meist ohne weiteres erkennen lassen, ob sie „ihrer Natur nach" zur Beibringung von Verletzungen, also als Waffe, oder ob sie als Gebrauchsgegenstand bestimmt sind. Zu ersteren, die somit dem Verbote des § 1 unterliegen, gehören z. B. die schon erwähnten Dolche und Stilette. Offenbare Gebrauchsgegenstände und daher keine Hieb- oder Stoßwaffen im Sinne des § 1 sind dagegen die üblichen Gebrauchsmesser, wie Taschenmesser (auch solche mit feststellbarer Klinge), Brotmesser und sonstige Küchen- und Tischmesser.

Zweifel können dagegen bei größeren Messern mit feststehender Klinge bestehen (sog. Fahrtenmessern, griffesten Messern). Derartige Messer, die einen stumpfen Rücken und eine lange scharfe Schneide bis zur Spitze haben und in einer besonderen Scheide ruhen, werden vielfach von Jägern, Touristen, Handwerkern, Landwirten usw. benutzt und eignen sich zu vielerlei Verrichtungen im Berufs- und Sportleben, zum Abschneiden von Zweigen, Zerkleinern von Holz, Zurichten von Lebensmitteln u. ä. Namentlich in Süddeutschland spielen diese Messer in der Praxis eine große Rolle. Sie stellen anderseits eine höchst gefährliche Stoßwaffe dar.

Die Rechtsprechung hat diese Messer bisher verschieden beurteilt. So hat z. B. das Oberlandesgericht Dresden bei Auslegung der gleichlautenden Bestimmung der Sächsischen Verordnung vom 15. November 1904 derartige Messer nicht als Stoßwaffen im technischen Sinne angesehen (Entscheidungen vom 23. 2. 1927 — 1. OSt. 4/27 — und vom 17. 11. 1927 — 1. OSt. 207/27 —). Ebenso hat bei Auslegung des mit § 1 dieses Gesetzes übereinstimmenden § 1 der Verordnung gegen Waffenmißbrauch vom 25. Juli 1930 das Bayerische Oberste Landesgericht ausgesprochen, daß ein im Griffe feststehendes Messer nicht als Waffe im technischen Sinne angesprochen werden könne, sondern seiner Natur nach Gebrauchsgegenstand sei, der seine Eigenschaft auch nicht dadurch verliere, daß er im Einzelfall vom Träger als Waffe verwendet werde (Entscheidung vom 16. 12.

1930, Juristische Wochenschrift 1931 S. 748). Im Gegensatz hierzu steht ein Urteil des Kammergerichts vom 12. 4. 1929 — 1. S. 160/29 — (Goldammers Archiv Bd. 74 S. 233), das in Auslegung einer preußischen Polizeiverordnung, die das Tragen von Stoß- und Hiebwaffen verbietet, ergangen ist und die Eigenschaft als Waffe in einem Falle bejaht, in dem der Angeklagte das Fahrtenmesser am Leibgurt getragen hat. In den entscheidenden Sätzen dieses Urteils heißt es, daß derartige Messer von weiten Kreisen jugendlicher Wanderer getragen würden, „einmal um für die verschiedenen Bedürfnisse des Wanderns ein geeignetes Gerät zu haben, zugleich aber in dem Bewußtsein, in diesem Gerät eine Waffe zu tragen, die ihnen nach außen hin ein gewisses Ansehen verleiht. Handelt es sich bei dem Gegenstande, der nach außen hin als Waffe getragen wird, um einen solchen, der, wie das hier in Frage kommende Messer, zum Angriff und zur Verteidigung durch Stoßen sowie dazu geeignet ist, Verletzungen beizubringen, so unterliegt die Annahme keinen rechtlichen Bedenken, daß hier nicht nur der einzelne Träger das Bewußtsein hat, eine Waffe zu tragen, sondern daß ein solches Messer in dieser Aufmachung von vornherein dazu hergestellt und in den Handel gebracht wird, von Wanderern als Waffe getragen und gegebenenfalls auch als solche benutzt zu werden."

Da der Begriff der Hieb- oder Stoßwaffe im Sinne des § 1 nicht nach der subjektiven Zweckbestimmung des Trägers, sondern nach objektiven Merkmalen festzustellen ist, fragt es sich, ob Messer dieser Art „ihrer Natur nach" als Gebrauchsgegenstand oder (daneben) zur Beibringung von Verletzungen, also als Waffen, bestimmt sind. Diese Frage wird sich nicht einheitlich beantworten lassen. Aus der Art der Anfertigung wird man sowohl auf die Bestimmung als Gebrauchsgegenstand wie als Waffe schließen können. Entscheidend wird daher die Verkehrsauffassung sein müssen. Dementsprechend sagt auch die Begründung zu § 1:

„Inwieweit Messer mit feststehender oder feststellbarer Klinge von dem Verbote des § 1 betroffen werden, beurteilt sich nach den Umständen des Einzelfalles, wobei auch die örtlichen Gepflogenheiten zu berücksichtigen sein werden."

So wird in Süddeutschland, namentlich in Bayern, wo sein Tragen allgemein üblich ist, das im Griffe feststehende Messer als Gebrauchsgegenstand und nicht als Waffe im Sinne des § 1 anzusehen sein. In Norddeutschland wird sich diese allgemeine Feststellung nicht stets treffen lassen. Unbedenklich wird bei Wanderern, die ein solches Messer im Rucksack tragen, das objektive Merkmal des Gebrauchsgegenstandes ausschlaggebend sein. Anders wird dagegen zu entscheiden sein, wenn z. B. Mitglieder von Verbänden ein solches Messer umgeschnallt an der Koppel tragen.

f) Besonders zu beachten ist, daß die vorstehenden Erläuterungen des Waffenbegriffs nur für den Abschnitt I des Gesetzes gelten, während Abschnitt II einen erweiterten Waffenbegriff enthält (vgl. bei § 3).

## 2. Der Umfang des Verbotes des § 1

### a) Allgemeines

Das Gesetz hat davon abgesehen, hinsichtlich der Hieb- und Stoßwaffen eine so eingehende Verkehrsregelung zu treffen, wie es das Gesetz über Schußwaffen und Munition vom 12. April 1928 hinsichtlich der Schußwaffen getan hat. Es hat weder über Herstellung, Handel, Erwerb, Besitz und Einfuhr Vorschriften erlassen, noch die Länder gehindert, diese Materien selbst zu regeln. Über die Fortgeltung der in dieser Richtung bestehenden gesetzlichen und polizeilichen Vorschriften vgl. Einleitung zu D.

Das Gesetz hat sich vielmehr darauf beschränkt, „das Verbot dort einsetzen zu lassen, wo die Gefährlichkeit dieser Waffen am sichtbarsten in Erscheinung tritt und wo die Durchführung des Verbots mit verhältnismäßiger Sicherheit zu erzwingen ist, nämlich bei dem Führen der Waffe in der Öffentlichkeit“ (Begr. zu § 1). Das Gesetz ist in dieser Hinsicht weitergegangen als das Schußwaffengesetz, das das Führen einer Schußwaffe von der Ausstellung eines Waffenscheins abhängig macht (§ 15). In Preußen war bisher vielfach durch Polizeiverordnungen auch für das Führen von Hieb- oder Stoßwaffen ein Waffenschein gefordert worden. Von der Möglichkeit, sich für eine solche Waffe einen Waffenschein ausstellen zu lassen, ist aber nur sehr selten Gebrauch gemacht worden. Erfahrungsgemäß stellt, wer der Polizei den Nachweis des Bedürfnisses zum Führen einer Waffe erbringen muß, den Antrag, ihm einen Waffenschein für eine Schußwaffe und nicht für eine Hieb- oder Stoßwaffe auszustellen. Auf Grund dieser praktischen Erfahrungen und in der Erwägung, daß das Schußwaffengesetz bei nachgewiesenem Bedürfnis jedem zuverlässigen Antragsteller die Möglichkeit zum Führen einer Schußwaffe zu seiner Verteidigung gibt, hat das vorliegende Gesetz ein grundsätzliches Verbot des Führens von Hieb- oder Stoßwaffen in der Öffentlichkeit ausgesprochen. Die Erteilung von Waffenscheinen für diese Waffen ist, soweit im Einzelfall ein Bedürfnis dafür besteht, durch § 2 Nr. 3 ermöglicht (Näheres vgl. bei § 2). In der Ausgestaltung des Verbots lehnt sich § 1 wörtlich an den das Führen von Schußwaffen regelnden § 15 des Schußwaffengesetzes an. Die Auslegung, die dessen Rechtsbegriffe gefunden haben, sind daher auch für die Auslegung des § 1 dieses Gesetzes maßgebend.

b) Das „Führen“ von Hieb- oder Stoßwaffen

Nach der Begründung zu § 15 des Schußwaffengesetzes (Drucksachen des Reichstags, III. Wahlperiode, Nr. 4105) ist unter Führen einer Waffe nicht jedes Beisichhaben oder -tragen zu verstehen, sondern „ein Führen der Waffe liegt nur dann vor, wenn das Beisichtragen zu dem Zwecke erfolgt, gegebenenfalls von ihr Gebrauch zu machen“. Die Begründung zu dem vorliegenden Gesetz hat diese Definition wörtlich übernommen. Sie deckt sich mit der Stellungnahme der Kommentare zum Schußwaffengesetz (vgl. Hoche, 3. A. § 15 Anm. 3; Schönner-Salewski, 2. A. § 15 Anm. 2); ebenso mit der Stellungnahme der bisherigen Rechtsprechung zu § 15 des Schußwaffengesetzes; so OLG. Hamburg 6. 1. 1930, JW. 1930 S. 2150: „Das Führen einer Waffe ist nicht gleich Besitzen, auch nicht ohne weiteres mit einem Beisichtragen (Transport einer ungeladenen Schußwaffe zur Reparatur) gegeben, es ist aber regelmäßig dann anzunehmen, wenn jemand eine Waffe zu dem Zweck bei sich trägt, gegebenenfalls von ihr Gebrauch zu machen.“ Abweichend nur Schneidewin (in Stenglein, Strafrechtliche Nebengesetze Bd. 2, Anm. 4 zu § 15), der den zugriffsbereiten Besitz für ausreichend erachtet; gegen ihn Schäfer, Juristische Rundschau 1930 S. 185.

Eine Waffe „führt“ also, wer sie zu dem Zwecke bei sich trägt, gegebenenfalls — sei es auch nur zu Verteidigungszwecken — von ihr Gebrauch zu machen. Der Gebrauch selbst ist der sichtbarste Ausdruck des Führens. Zum Begriffe des „Führens“ gehört es auch, daß die Waffe zugriffsbereit ist. Wer die Waffe, die er im Laden gekauft hat, verpackt nach Hause trägt, „führt“ sie nicht. Eine Waffe ist aber nicht nur dann zugriffsbereit, wenn sie der Besitzer in der Hand oder in der Tasche trägt; der Führer eines Kraftfahrzeugs, der in einem Kasten oder in einer Seitentasche des Fahrzeugs eine Waffe mitführt, „führt“ diese Waffe. Vom „Führen“ einer Waffe kann man dagegen nicht sprechen, wenn sie nicht als Waffe, sondern als Trachtenstück getragen wird, wie z. B. die studentischen Rapiere der Chargierten (so zutreffend Schäfer, Juristische Rundschau 1930 S. 186).

c) „Außerhalb seiner Wohnung, seiner Geschäftsräume oder seines befriedeten Besitztums“

Die Fassung lehnt sich, ebenso wie § 15 des Schußwaffengesetzes, an § 123 StGB. an. Die Auslegung, die diese Rechtsbegriffe im

Strafgesetzbuch gefunden haben, gilt daher auch für dieses Gesetz. Unter Wohnung ist der Inbegriff der Räumlichkeiten zu verstehen, die einer einzelnen Person oder einer zusammengehörenden Mehrheit von Personen, einer Familie, zum ständigen Aufenthalt dienen oder zur Benutzung freistehen (RGStraff. Bd. 12 S. 133). Schlafvorrichtungen bilden ein besonders wichtiges Kennzeichen einer Wohnung, doch ist die Bestimmung zur Nachtruhe kein unerläßliches Merkmal der Wohnung. Ständiger Aufenthalt ist nicht gleichbedeutend mit dauerndem Aufenthalt, auch ein zu kurzem Aufenthalt gemietetes Hotelzimmer erfüllt den Begriff der Wohnung (Ebermayer, § 123 Anm. 2a). Auch die der Benutzung der Wohnungsinhaber dienenden Nebenräume, wie Treppen, Flure, Keller, Waschräume, gehören zur Wohnung (RGStraff. Bd. 1 S. 121). Auch eine bewegliche Sache (Schiff, Künstlerwagen) kann Wohnung sein (RGStraff. Bd. 13 S. 313). — Geschäftsräume sind Räumlichkeiten, die durch einen maßgebenden Willen wesentlich, hauptsächlich und auch für eine gewisse zeitliche Dauer zur Betreibung gewerblicher, wissenschaftlicher, künstlerischer und ähnlicher Geschäfte bestimmt worden sind und dieser Bestimmung gemäß auch verwendet werden (RGStraff. Bd. 32 S. 371). Der Geschäftsraum muß baulich abgeschlossen, braucht aber nicht verschlossen zu sein, kann sogar die Bestimmung haben, dem Publikum allgemein zugänglich zu sein (Ebermayer, § 123 Anm. 2b). Ein Straßenbahnwagen ist Transportmittel und kein Geschäftraum, obwohl in ihm Transportverträge abgeschlossen werden (RGStraff. Bd. 13 S. 315). — Ein befriedetes Besitztum ist ein eingehegtes, eingefriedigtes Grundstück. Eingefriedigt ist ein Grundstück dann, wenn es der berechtigte Inhaber in äußerlich erkennbarer Weise mittels zusammenhängender (wenn auch nicht notwendig lückenloser) Schutzwehren gegen das beliebige Betreten durch andere gesichert hat (RGStraff. Bd. 11 S. 294). Eine räumliche Verbindung mit einem bewohnten Hause ist nicht notwendig (RGStraff. Bd. 11 S. 243). Liegt ein erkennbarer Zusammenhang mit Wohn- oder Geschäftsräumen vor, so ist das Grundstück auch ohne besondere Einhegung ein befriedetes (RGStraff. Bd. 20 S. 150; Bd. 36 S. 395).

Nur außerhalb der Wohnung, der Geschäftsräume oder des befriedeten Besitztums ist das Führen von Hieb- oder Stoßwaffen verboten. Innerhalb dieser Räume ist ebenso wie der Besitz, so auch das Führen reichsrechtlich nicht verboten. Es darf also jeder in seiner Wohnung usw. Hieb- oder Stoßwaffen besitzen und sie dort auch führen, z. B. beim Begehen seines eingefriedeten Grundstücks bei sich tragen.

Innerhalb „seiner“ Wohnung usw. befindet sich, wer zur dauernden oder vorübergehenden Benutzung der Räume berechtigt ist, gleichviel ob als Eigentümer, Mieter oder aus anderem Rechtsgrunde

(Hoche, § 15 Anm. 2c; Schäfer, Juristische Rundschau 1930 S. 186; Schneidewin, § 15 Anm. 3). Beispiele: Familienmitglieder, Hausangestellte, Logiergäste, Geschäftsangestellte. Hat eine studentische Verbindung ein Lokal zu Mensurzwecken gemietet, so sind auf Grund dieses Vertrages die Mitglieder der Verbindung zum Aufenthalt in dem Lokal vertraglich berechtigt; sie führen also bei Austragung der Mensuren die Waffen nicht außerhalb „ihrer“ Wohnung usw., können somit nicht aus § 1 dieses Gesetzes bestraft werden; über das Verhältnis des § 1 zu den Strafvorschriften gegen Zweikampf vgl. im übrigen nachstehend Anm. 3d.

d) Ausnahmen

Über die Ausnahmen von dem grundsätzlichen Verbot des Führens von Hieb- oder Stoßwaffen vgl. § 2.

### 3. Bestrafung

a) Innerer Tatbestand

Der innere Tatbestand des § 1 ist erfüllt, wenn der Täter bewußt eine Hieb- oder Stoßwaffe führt. Abweichend von § 25 Nr. 2 des Schußwaffengesetzes hat das vorliegende Gesetz nicht auch das fahrlässige Verhalten ausdrücklich unter Strafe gestellt. Eine fahrlässige Zuwiderhandlung gegen § 1 ist in dem Falle denkbar, daß der Täter fahrlässig der unrichtigen Meinung ist, gemäß § 2 zum Führen der Waffe befugt zu sein. Ob bei dem Fehlen einer ausdrücklichen Strafvorschrift gegen fahrlässige Zuwiderhandlung auch eine solche strafbar ist, kann zweifelhaft sein. Da es sich hier um ein Vergehen polizeilichen Charakters handelt, wird entsprechend der herrschenden Meinung (vgl. z. B. RGStraff. Bd. 45 S. 395) die Frage jedoch zu bejahen sein (ebenso hinsichtlich der gleichliegenden Frage bei der Verordnung vom 25. Juli 1930: Schäfer, Juristische Rundschau 1930 S. 186, mit Anführung von Schrifttum und Rechtsprechung zu dieser Frage). War der Täter irrtümlich der Meinung, die von ihm geführte Waffe sei keine Hieb- oder Stoßwaffe im Sinne des § 1, so liegt ein unbeachtlicher Strafrechtsirrtum vor.

b) Strafe

Die Strafdrohung des § 1 ist, abweichend von § 1 der Verordnung vom 25. Juli 1930, der Gefängnisstrafe bis zu 1 Jahre, bei mildernden Umständen Geldstrafe vorsah, der Strafdrohung des § 25 des Schußwaffengesetzes angepaßt, jedoch im Hinblick auf die im allgemeinen geringere Gefährlichkeit der Hieb- und Stoßwaffen mit einer geringeren Höchststrafe. § 1 dieses Gesetzes ist gegenüber § 1 der Verordnung vom 25. Juli 1930 als das mildere Strafgesetz anzusehen, ist also in den Fällen anzuwenden, in denen die Aburteilung der vorher begangenen Handlung erst nach Inkrafttreten dieses Gesetzes erfolgt (§ 2 Abs. 2 StGB.). Die Strafe ist Gefängnis bis zu 1 Jahre und Geldstrafe von 3 bis 10000 RM. (§ 27 Abs. 2 Nr. 1 StGB.) oder eine dieser Strafen. Der Versuch ist nicht strafbar. Die Strafverfolgung verjährt in 5 Jahren (§ 67 Abs. 2 StGB.).

c) Einziehung

Nach § 1 Abs. 2 kann die Waffe, die verbotswidrig geführt worden ist, ohne Rücksicht darauf, ob sie dem Täter gehört, neben der Strafe oder im sog. objektiven Verfahren eingezogen werden. Die Einziehung ist keine Nebenstrafe, sondern polizeiliche Sicherungsmaßnahme. Bei der Umgrenzung der Voraussetzungen für die Einziehung im objektiven Verfahren hat Abs. 2 Satz 2 nicht die Fassung des dem § 42 StGB. angepaßten § 25 Abs. 2 des Schußwaffengesetzes und des § 1 Abs. 2 der Verordnung vom 25. Juli 1930 („Ist die Verfolgung oder Verurteilung einer bestimmten Person nicht durchführbar ...") übernommen, sondern hat sich in seinem Wortlaut dem Sprachgebrauche des Entwurfs eines Allgemeinen Deutschen Strafgesetzbuchs (vgl. dort § 178 Abs. 2, § 267 Abs. 2, § 54) angepaßt. Hierdurch ist zweifelsfrei festgestellt, daß die Einziehung auch dann erfolgen kann, wenn der Verfolgung oder Verurteilung einer bestimmten Person nicht nur tatsächliche, sondern auch rechtliche Hindernisse entgegenstehen. Es kann also auch die von einem Geisteskranken geführte Waffe eingezogen werden. Die Voraussetzungen, „die im übrigen vorliegen müssen", bestehen darin, daß eine Hieb- oder Stoßwaffe dem Verbote des § 1 zuwider geführt worden ist.

Die Einziehung ist nicht zwingend vorgeschrieben, sondern in das Ermessen des Richters gestellt, der die Umstände des Einzelfalles zu berücksichtigen hat. Gehört die Waffe nicht dem Täter, so wird die Einziehung nicht auszusprechen sein, wenn sie sich als unbillige Härte gegenüber dem Eigentümer darstellen würde, z. B. wenn die Waffe gegen dessen Willen geführt worden ist.

Die Einziehung ist im Urteil auszusprechen. Mit dessen Rechtskraft geht die Waffe ohne Entschädigung in das Eigentum des Fiskus über. Ist in einem Urteil, das eine Strafe nach § 1 Abs. 1 verhängt hat, die Einziehung versehentlich nicht ausgesprochen worden, so kann dies nicht im objektiven Verfahren nachgeholt werden, da in diesem Falle die Voraussetzungen des Abs. 2 Satz 2 („kann keine bestimmte Person verfolgt oder verurteilt werden ...") nicht gegeben sind.

d) Zusammentreffen mit anderen Straftaten

Bei dem Zusammentreffen eines Verstoßes gegen § 1 und § 3 dieses Gesetzes erfolgt Bestrafung nur aus § 3, da dieser gegenüber § 1 eine Sondervorschrift darstellt. Ist aber das Vergehen nach § 1 bereits vollendet, bevor das Vergehen aus § 3 begangen wird, so liegt nicht Tateinheit, sondern es liegen zwei selbständige Vergehen vor. — Zwischen schwerem Diebstahl nach § 243 Nr. 5 StGB. und unbefugtem Führen der bei ihm mitgeführten Waffe besteht Tateinheit (so RG. 6. 1. 1930, Recht 1930 Nr. 470). Da der Täter aber regelmäßig die Waffe schon auf dem Wege zu dem Diebstahl geführt haben wird, ist dieses Führen eine mit § 243 Nr. 5 StGB. realkonkurrierende Handlung. Dasselbe Verhältnis besteht zwischen unbefugter Jagdausübung (§ 292 StGB.), z. B. mittels eines Jagdnickers, und einem Verstoß gegen § 1 dieses Gesetzes. — Wie schon oben Anm. 2c ausgeführt ist, ist das Austragen von Mensuren in Verbindungshäusern oder gemieteten Lokalen keine gegen § 1 dieses Gesetzes verstoßende Handlung. Findet ausnahmsweise eine Mensur an anderen Orten, z. B. im Freien, statt, so fragt es sich, ob neben der Bestrafung aus § 205 StGB. auch Bestrafung aus § 1 dieses Gesetzes zu erfolgen hat. Die Frage ist zu verneinen. Denn der Zweikampf im strafrechtlichen Sinne ist ohne das „Führen" einer Waffe nicht denkbar. Der Gebrauch der Waffe ist vielmehr das gegebene und ausnahmslos angewandte Mittel, um den Zweikampf durchzuführen; das Führen der Waffe bildet somit eine notwendige und unvermeidliche Begleiterscheinung und Teilhandlung des Zweikampfes, die von dem strafrechtlichen Begriff des Zweikampfes mitumfaßt wird. Zwischen dem Führen der Waffe und der Zweikampfhandlung besteht also Gesetzeseinheit.

## § 2

**§ 1 findet keine Anwendung auf**

**1. Personen, die kraft ihres öffentlich-rechtlichen Dienstverhältnisses zum Führen von Hieb- oder Stoßwaffen berechtigt sind, innerhalb der Grenzen dieser Berechtigung;**

**2. Personen, die beruflich Hieb- oder Stoßwaffen zu führen pflegen, hinsichtlich dieser Hieb- oder Stoßwaffen bei Ausübung des Berufs und auf den dazugehörigen Hin- und Rückwegen;**

3. **Personen, die zum Führen von Hieb- oder Stoßwaffen behördlich ermächtigt sind; die behördliche Ermächtigung wird von der zuständigen obersten Reichs- oder Landesbehörde oder der von ihr bestimmten Stelle mit Wirkung für ihren Amtsbereich oder Teile davon allgemein oder für bestimmt zu bezeichnende Anlässe erteilt;**
4. **Inhaber von Waffenscheinen im Sinne des § 15 des Gesetzes über Schußwaffen und Munition vom 12. April 1928 (RGBl. I S. 143), soweit nicht im Waffenscheine das Führen von Hieb- oder Stoßwaffen ausgeschlossen oder beschränkt ist;**
5. **Inhaber von Jagdscheinen eines deutschen Landes auf der Jagd und beim Jagdschutz sowie auf den dazugehörigen Hin- und Rückwegen.**

§ 2 zählt, nach Personengruppen geordnet und auf bestimmte Tätigkeiten beschränkt, die Fälle auf, in denen das Führen von Hieb- oder Stoßwaffen in der Öffentlichkeit nicht unter das Verbot des § 1 fällt. Nimmt der Täter irrtümlich an, daß er auf Grund einer der Vorschriften des § 2 zum Führen befugt sei, so ist er aus § 1 strafbar, wenn seine Annahme auf Fahrlässigkeit beruht (vgl. Anm. 3a zu § 1).

### 1. Nr. 1

Zu den Personen in öffentlich-rechtlichem Dienstverhältnis gehören die Angehörigen der Wehrmacht, die Beamten des Reichs, der Länder und Gemeinden (Gemeindeverbände) sowie alle sonstigen in einem öffentlich-rechtlichen Dienstverhältnis stehenden Beamten, z. B. die Reichsbahnbeamten, die Reichsbankbeamten. Behördenangestellte und -arbeiter stehen nicht in öffentlich-rechtlichem, sondern in privatrechtlichem Dienstverhältnis; sie fallen daher unter die Befreiungsvorschrift der Nr. 1 auch dann nicht, wenn ihnen öffentlich-rechtliche Funktionen übertragen sind. Sollen sie zum Führen von Hieb- oder Stoßwaffen berechtigt sein, so bedarf es hierzu ausdrücklicher Ermächtigung gemäß Nr. 3.

§ 2 Nr. 1 verleiht nicht etwa den in öffentlich-rechtlichem Dienstverhältnis stehenden Personen allgemein die Befugnis zum Führen von Hieb- oder Stoßwaffen. Hier bleiben vielmehr die Gesetze oder Dienstanweisungen maßgebend, die über das Führen von Waffen durch diese Personen erlassen sind. Nur diejenigen in einem öffentlich-rechtlichen Dienstverhältnis stehenden Personen, die gesetzlich oder auf

Grund gesetzlich zulässiger behördlicher Ermächtigung zum Führen von Hieb- oder Stoßwaffen berechtigt sind, sind, soweit sie sich in den Grenzen dieser Berechtigung halten, von dem Verbote des § 1 befreit.

2. Nr. 2

a) Unter Personen, die beruflich Hieb- oder Stoßwaffen zu führen pflegen, ist nicht etwa jeder zu verstehen, der bei Ausübung oder mit Rücksicht auf seinen Beruf eine solche Waffe zu führen pflegt. Hierunter könnte sonst jeder fallen, dessen Beruf besondere Sicherung gegen Angriffe verlangt (z. B. Kassenboten, Chauffeure) oder dessen Weg zu seiner Berufsstätte durch einsame oder unsichere Gegenden führt. Eine solche Auslegung würde dem Zwecke dieses Gesetzes, das die Hieb- und Stoßwaffen von der Straße verschwinden lassen will und dem Ausnahmecharakter des § 2 völlig widersprechen. Das Wort „pflegen" ist nicht auf die Gewohnheiten des einzelnen abgestellt, sondern auf die Gepflogenheiten von Berufsgruppen, die allgemein oder örtlich bestehen können. Unter die Ausnahmevorschrift der Nr. 2 fallen daher nur die Angehörigen solcher Berufe, die üblicherweise bei Ausübung ihres Berufes eine Hieb- oder Stoßwaffe tragen. Beispiele: Angehörige des Bewachungsgewerbes hinsichtlich mitgeführter Gummiknüppel, Totschläger u. ä.; Privatforstbeamte und Feldhüter hinsichtlich Hirschfänger oder Jagdnicker; Schlächter hinsichtlich der Schlächtermesser.

b) Diese Personen sind nicht unbeschränkt zum Führen von Hieb- oder Stoßwaffen befugt, sondern nur bei Ausübung des Berufs und bei den dazugehörigen Hin- und Rückwegen. Der Begriff der „dazugehörigen Hin- und Rückwege" (der sich auch in der Nr. 5 des § 2 findet) ist aus § 21 Abs. 2 des Schußwaffengesetzes entnommen. Bei seiner Auslegung wird den praktischen Bedürfnissen und Gepflogenheiten Rechnung zu tragen sein. Es ist nicht als erforderlich zu erachten, daß der Berufsausübende den kürzesten Hin- und Rückweg wählt. Auch wenn er den Weg auf kürzere Zeit durch den Besuch einer Gastwirtschaft unterbricht, befindet er sich auf dem Hin- oder Rückwege. „Eine vernünftige Auslegung wird in der Praxis stets in der Lage sein, die erforderlichen polizeilichen Interessen zu wahren, ohne sich in kleinliche Schikanierungen zu verlieren, auf der anderen Seite aber Umgehungen des Gesetzes zu verhindern" (Hoche, § 21 Anm. 3c). Die Ausnahmevorschrift greift auch nur für die Hieb- oder Stoßwaffen Platz, die üblicherweise bei Ausübung des Berufes geführt werden, nicht aber für andere. So ist z. B. ein Schlächter nicht etwa aus § 2 Nr. 2 befugt, bei Ausübung seines Berufes oder auf dem Wege dazu einen Schlagring oder einen Totschläger zu führen.

### 3. Nr. 3

a) Die Nr. 3 des § 2 schafft die Möglichkeit, dem bei Personengruppen, die nicht unter Nr. 1 oder 2 fallen, oder bei einzelnen Personen etwa bestehenden Bedürfnis Rechnung zu tragen, eine Hieb- oder Stoßwaffe (z. B. einen Gummiknüppel oder Schlagring) zu Verteidigungszwecken bei sich zu tragen. Die Fassung des Halbsatzes 1 lehnt sich an § 11 des Vereinsgesetzes an („Niemand darf in einer öffentlichen Versammlung .... bewaffnet erscheinen, es sei denn, daß er .... zum Erscheinen mit Waffen behördlich ermächtigt ist"). Halbsatz 2 regelt die Zuständigkeit zur Erteilung der Ermächtigung und ihren Umfang. Zuständig ist die „zuständige oberste Reichs- oder Landesbehörde oder die von ihr bestimmte Stelle mit Wirkung für ihren Amtsbereich oder Teile davon". Die Abgrenzung der Zuständigkeit zwischen Reichs- und Landesbehörden hinsichtlich der Erteilung der Ermächtigung ergibt sich aus den Worten „zuständige" und „Amtsbereich" im Halbsatz 2 in Verbindung mit der allgemeinen Behördenorganisation. „Hiernach sind z. B. die obersten Reichsbehörden oder die von ihnen bestimmten Stellen in der Lage, ihrem Personal, das nicht in öffentlich-rechtlichem Dienstverhältnisse steht (also nicht schon unter die Nr. 1 des § 2 fällt), z. B. einem im Arbeitsverhältnis stehenden Wächter, das Führen einer Hieb- oder Stoßwaffe zu gestatten" (Begr. zu § 2 Nr. 3). Die Reichsbehörden sind also nur hinsichtlich der in ihren Diensten stehenden oder von ihnen innerhalb ihrer Zuständigkeit mit öffentlichen Funktionen betrauten Personen zur Erteilung der Ermächtigung zuständig. Über die Form der Erteilung ist keine Vorschrift erlassen, insbesondere ist auch nicht vorgeschrieben, daß der Ermächtigte eine entsprechende Bescheinigung der Behörde bei sich tragen muß (anders als in § 19 Abs. 1 Nr. 2 Satz 2 des Schußwaffengesetzes).

b) Die Zuständigkeit der obersten Landesbehörden oder der von ihnen bestimmten Stellen umfaßt zunächst die Erteilung der Ermächtigung an die in ihrem Dienste stehenden oder von ihnen innerhalb ihrer Zuständigkeit mit öffentlichen Funktionen betrauten Personen, die nicht unter die Nr. 1 des § 2 fallen. Über die Formlosigkeit der Erteilung der Ermächtigung gilt hier dasselbe wie bei den Reichsbehörden. Außerdem gehört, da es sich hierbei um eine polizeiliche Maßnahme handelt, zur Zuständigkeit der Landesbehörden auch die Erteilung der Ermächtigung an Privatpersonen, die nicht mit öffentlichen Funktionen betraut sind. Die Erteilung der Erlaubnis an eine Privatperson, die zu ihrer Verteidigung eine Hieb- oder Stoßwaffe zu führen wünscht, ist also ausschließlich Sache der Innenministerien der Länder bzw. der von diesen bestimmten Stellen. Das Gesetz hat es dem Ermessen der Länder überlassen, unter welchen Voraussetzungen und in welcher Form sie die Ermächtigung erteilen wollen. Die Ermächtigung kann also bestimmten Personengruppen oder Einzelpersonen, sie kann allgemein oder für bestimmte Anlässe (z. B. während der Ausübung eines Berufs oder Gewerbes, während der Fahrt mit einem Kraftwagen), sie kann schlechthin oder durch Ausstellung eines Waffenscheins erteilt werden. Die Länder können die Ermächtigung von der Erfüllung bestimmter Voraussetzungen (Prüfung der Zuverlässigkeit des Antragstellers, Nachweis des Bedürfnisses) abhängig machen. Sie sind berechtigt, für die Erteilung der Ermächtigung eine Gebühr zu erheben. Die Ermächtigung kann mit Wirkung für den ganzen Amtsbereich der Behörde oder Teile davon (z. B. örtlich beschränkt) ausgesprochen werden, nicht aber mit Wirkung über den Amtsbereich hinaus. Es gibt also keinen Hieb- oder Stoßwaffenschein mit Geltung für das Reichsgebiet. Ein Bedürfnis hierfür besteht auch nicht. Wer das Bedürfnis nachweist, auf Reisen im ganzen Reichsgebiet eine Waffe zu führen, wird sich zweckmäßigerweise einen Schußwaffenschein ausstellen lassen, bei dem dieser Geltungsbereich möglich ist (§ 15 Abs. 2 des Schußwaffengesetzes). Nicht notwendig braucht die Ermächtigung erst auf Grund dieses Gesetzes (oder der ihm vorangegangenen Verordnung vom 25. Juli 1930) erteilt worden zu sein, vielmehr sind früher ausgesprochene Ermächtigungen wirksam geblieben (vgl. den Wortlaut: „Personen, die .... behördlich ermächtigt sind"). So ist z. B. den im § 1 des Gesetzes vom 31. März 1837 über den Waffengebrauch der Forst- und Jagdbeamten genannten privaten Forstbediensteten, wenn sie auf Lebenszeit angestellt sind oder die Rechte der auf Lebenszeit Angestellten haben, nach § 20 des Gesetzes vom 7. Juni 1821 (jetzt § 23 des Gesetzes über den Forstdiebstahl vom 15. April 1878) beeidigt und mit ihrem Diensteinkommen nicht auf Pfandgelder usw. angewiesen sind, durch § 10 der Instruktion vom 21. November 1837 die Befugnis zum Führen des Hirschfängers zugestanden worden; diese Personen sind daher als solche anzusehen, die gemäß § 2 Nr. 3 dieses Gesetzes zum Führen von Hieb- oder Stoßwaffen behördlich ermächtigt sind.

Zweifelhaft kann sein, ob die Länder befugt sind, auf Grund der Nr. 3 allgemein das Führen gewisser Arten von Hieb- oder Stoßwaffen, z. B. von Schlagringen oder von Fahrtenmessern (sofern diese überhaupt Hieb- oder Stoßwaffen sind; vgl. § 1 Anm. 1e), zu gestatten. Die Frage dürfte nach dem Wortlaute der Nr. 3 zu verneinen sein, da dieser nur von der Ermächtigung bestimmter „Personen" spricht und eine Freilassung bestimmter Arten von Hieb- oder Stoßwaffen von dem grundsätzlichen reichsrechtlichen Verbote des § 1 nicht vorsieht.

c) In Preußen (vgl. den im Anhang abgedruckten Ausführungserlaß vom 2. April 1931) wird die Ermächtigung in kreisfreien Städten und in den nach § 27 Abs. 1 der Kreisordnung für die Provinz Hannover vom 6. Mai 1884 (GS. S. 181) selbständigen Städten sowie an Orten mit staatlicher Polizeiverwaltung von der Ortspolizeibehörde, im übrigen vom Landrat erteilt. Über die Erteilung der Ermächtigung entscheidet die zuständige Behörde nach freiem Ermessen; es besteht also kein Anspruch auf Erteilung der Ermächtigung. Entscheidung nach Ermessen ist nicht Entscheidung nach Willkür. Maßgebend ist das pflichtmäßige Ermessen, d. h. bei der Ausübung des Ermessens dürfen nur Gesichtspunkte polizeilicher Natur entscheidend sein. Die Ermächtigung darf nur im Falle tatsächlichen Bedürfnisses und unbedingter Zuverlässigkeit des Antragstellers erteilt werden, also nur unter denselben Voraussetzungen, die durch § 16 Abs. 1 Satz 1 des Schußwaffengesetzes für die Ausstellung des Waffenscheins vorgeschrieben sind. Insbesondere ist die Ermächtigung in den Fällen des § 16 Abs. 1 Satz 2 des Schußwaffengesetzes zu versagen, also an Personen unter 20 Jahren, an Entmündigte oder geistig Minderwertige, an Zigeuner oder nach Zigeunerart umherziehende Personen, an gewisse Gruppen von Vorbestraften, an Personen, gegen die auf Zulässigkeit von Polizeiaufsicht oder auf Verlust der bürgerlichen Ehrenrechte erkannt worden ist. Die preußische Ausführungsverordnung weist ausdrücklich darauf hin, daß ein Bedürfnis zur Erteilung der Ermächtigung nur in den seltensten Fällen vorliegen wird. Soweit es ausnahmsweise anzuerkennen ist, wird der örtliche Geltungsbereich der Ermächtigung häufig auf einen Teil des Amtsbereichs der ausstellenden Behörde oder auf bestimmte ausdrücklich bezeichnete Anlässe und Örtlichkeiten zu beschränken und die Dauer der Gültigkeit möglichst kurz zu bemessen sein. Über die erteilte Ermächtigung ist dem Antragsteller eine auf seine Person lautende Bescheinigung auszustellen, deren Muster in Anlehnung an den Waffenschein vorgeschrieben ist. Zweckmäßig wird der Inhaber diese Bescheinigung bei dem Führen der Hieb- oder Stoßwaffe bei sich tragen, um seine Ermächtigung sofort nachweisen zu können und allen Weiterungen zu entgehen. Anders als im § 12 des Schußwaffengesetzes für den Waffenschein ist das Beisichtragen der Bescheinigung aber nicht vorgeschrieben. Die preußische Ausführungsverordnung konnte eine solche Vorschrift auch nicht treffen, da sie in der Nr. 3 des § 2 keine Grundlage gehabt hätte. Die Nr. 3 befreit nämlich von dem Verbote des § 1 schlechthin die zum Führen von Hieb- oder Stoßwaffen ermächtigten Personen, nicht etwa nur diejenigen, die eine Bescheinigung über die Ermächtigung bei sich tragen. Wer auf Grund der preußischen Ausführungsverordnung zum Führen einer Hieb- oder Stoßwaffe ermächtigt ist, ist also auch dann nicht aus § 1 dieses Gesetzes strafbar, wenn er die Bescheinigung nicht bei sich trägt oder wenn er sie verloren hat.

### 4. Nr. 4

Die Nr. 4 war in der Verordnung vom 25. Juli 1930 nicht enthalten, auch noch nicht in der dem Reichsrat vorgelegten Regierungsvorlage. Sie ist erst im Reichsrat aus praktischen Erwägungen eingefügt worden, da es nicht angängig erschien, den Inhaber eines Schußwaffenscheines dann zu bestrafen, wenn er statt der gefährlicheren Schußwaffe eine (in der Regel) mindergefährliche Hieb- oder Stoßwaffe führt. Um zu verhindern, daß diese Befreiungsvorschrift zu Mißbräuchen Anlaß gibt, der Waffenscheininhaber z. B. besonders gefährliche Stoßwaffen (z. B. Dolche oder Stilette) oder regelmäßig außer der Schußwaffe auch noch eine oder mehrere Hieb- oder Stoßwaffen führt, kann im Waffenscheine das Führen von Hieb- oder Stoßwaffen ausgeschlossen oder (der Art oder Zahl nach) beschränkt werden. Ist auf dem Waffenscheine kein solcher Vermerk enthalten, so ist sein Inhaber berechtigt, an Stelle oder neben der Schußwaffe eine beliebige Hieb- oder Stoßwaffe zu führen. Er wird sogar für berechtigt zu halten sein, beliebig viele Hieb- oder Stoßwaffen zu führen. Ein solcher tatsächlicher Mißbrauch würde allerdings zu Bedenken gegen die Zuverlässigkeit des Inhabers Anlaß geben und infolgedessen einen Widerruf des Waffenscheins gemäß § 18 des Schußwaffengesetzes rechtfertigen.

Die Befreiungsvorschrift der Nr. 4 ist für den „Inhaber" eines Waffenscheines gegeben. Auch hier ist also, ebenso wie im Falle der behördlichen Ermächtigung gemäß Nr. 3 (vgl. Anm. 3c) nicht vorgeschrieben, daß der Inhaber den Waffenschein bei sich tragen muß, was er natürlich zweckmäßigerweise stets tun wird. Dies führt zu dem merkwürdigen Ergebnis, daß der Inhaber eines Waffenscheines, der ihn zu Hause vergessen hat, strafbar ist, wenn er eine Schußwaffe führt, nicht aber, wenn er eine Hieb- oder Stoßwaffe führt.

### 5. Nr. 5

Die Vorschrift trägt in Anlehnung an § 21 des Schußwaffengesetzes den besonderen Interessen der Jäger Rechnung, denen hierdurch die Möglichkeit gegeben wird, bei Ausübung der Jagd eine Hieb- oder Stoßwaffe, z. B. einen Hirschfänger, einen Jagdnicker, zu führen. Unter diese Befreiungsvorschrift fallen die Inhaber eines Jahresjagdscheines und die Inhaber eines auf kürzere Zeit ausgestellten Jagdscheins (Tagesjagdschein, Wochenjagdschein). Die Befreiung gilt räumlich für das ganze Reichsgebiet, nicht nur für den

Amtsbereich der Behörde, die den Jagdschein ausgestellt hat; sie gilt nicht für alle Gelegenheiten, sondern nur „auf der Jagd und beim Jagdschutz sowie auf den dazugehörigen Hin- und Rückwegen“, also für dieselben Gelegenheiten, für die nach § 21 Abs. 2 des Schußwaffengesetzes der Jagdschein zum Führen von Jagdwaffen und einer Faustfeuerwaffe berechtigt. Über den Begriff der dazugehörigen Hin- und Rückwege vgl. vorstehend Anm. 2b.

Die Ermächtigung zum Führen einer Hieb- oder Stoßwaffe braucht nicht auf dem Jagdschein vermerkt zu sein, sie gilt vielmehr kraft Gesetzes für den Inhaber eines Jagdscheines. Sie gilt für den Inhaber, setzt also nicht das Beisichtragen des Jagdscheines voraus (vgl. den gleichliegenden Fall der Nr. 4; vorstehend Anm. 4). Die Befreiungsvorschrift gilt nicht nur für Waffen, die bei Ausübung der Jagd gebraucht werden (Hirschfänger, Jagdnicker). Der Inhaber eines Jagdscheines ist vielmehr auf Grund der Nr. 5 auch befugt, bei den dort aufgeführten Gelegenheiten zu Verteidigungszwecken andere Hieb- oder Stoßwaffen (Gummiknüppel, Schlagring) zu führen. Auch die Anzahl dieser Waffen ist nicht beschränkt (vgl. auch hierzu die Ausführungen in Anm. 4).

## Abschnitt II

## § 3

**(1) Wer gemeinsam mit anderen zu politischen Zwecken an öffentlichen Orten erscheint und dabei bewaffnet ist, wird mit Gefängnis nicht unter drei Monaten bestraft.**

**(2) Die Waffe kann eingezogen werden, auch wenn sie nicht dem Täter gehört. Kann keine bestimmte Person verfolgt oder verurteilt werden, so kann auf die Einziehung der Waffe selbständig erkannt werden, wenn im übrigen die Voraussetzungen hierfür vorliegen.**

**(3) Die vorstehenden Bestimmungen finden keine Anwendung auf Personen, die kraft ihres öffentlich-rechtlichen Dienstverhältnisses zum Führen von Waffen berechtigt sind, innerhalb der Grenzen dieser Berechtigung.**

### 1. Allgemeines

„Wenn auch die Strafvorschriften des Schußwaffengesetzes gegen das unbefugte Führen von Schußwaffen und die im § 1 des vorliegenden Gesetzentwurfs enthaltenen Strafvorschriften gegen das unbefugte Führen von Hieb- und Stoßwaffen für den Regelfall ausreichen, so genügen sie nicht, um den Gewalttätigkeiten vorzubeugen, die neuerdings in immer steigendem Maße aus politischen Motiven gegen politisch Andersdenkende in der Öffentlichkeit an der Tagesordnung sind. Aus Gründen der öffentlichen Sicherheit und zur Befriedung des politischen Lebens muß derartigen Ausschreitungen mit aller Strenge entgegengetreten werden. Der Abschnitt II des Gesetzentwurfs enthält daher eine scharfe Strafandrohung gegen das bewaffnete politische Bandentum" (Begr.). § 3 will den Fall treffen, daß eine Mehrzahl von Personen gemeinsam zu politischen Zwecken an öffentlichen Orten erscheint und daß eine oder mehrere dieser Personen hierbei bewaffnet sind. Die Vorschrift lehnt sich in ihrer Fassung bewußt an den Wortlaut des § 19 Nr. 2 des Vereinsgesetzes an, wonach bestraft wird „wer unbefugt in einer Versammlung oder in einem Aufzug bewaffnet erscheint". Die Auslegung, die Rechtsprechung und Schrifttum dieser Vorschrift gegeben haben, wird daher auch der Auslegung des § 3 zugrunde zu legen sein.

## 2. „Gemeinsam mit anderen"

Der Tatbestand des § 3 setzt voraus, daß mindestens drei Personen anwesend sind, nämlich der Täter und (mindestens zwei) „andere". Das Wort „gemeinsam" bezieht sich, wie aus der auseinandergezogenen Fassung deutlich ersichtlich ist, nur auf das „Erscheinen", dagegen nicht auf die Worte „und dabei bewaffnet ist". Hierdurch ist klargestellt, daß § 3 nicht voraussetzt, daß mehrere der Erschienenen bewaffnet sind, sondern daß der Tatbestand bereits erfüllt ist, wenn nur einer der mehreren Erschienenen bewaffnet ist (Übereinstimmend: Bay. ObLG. 16. 12. 1930, JW. 1931 S. 748).

Ein Erscheinen „gemeinsam mit anderen" zu politischen Zwecken setzt nicht voraus, daß eine Verabredung gemeinschaftlichen Erscheinens vorliegt. Auch wer zufällig auf der Straße einen Zug demonstrierender politischer Gesinnungsgenossen trifft und sich dann diesem Zuge anschließt, erscheint gemeinsam mit ihnen, auch der offenkundig mit einer politischen Demonstration sympathisierende Mitläufer. Es muß jedoch eine Gemeinsamkeit der politischen Zielrichtung vorliegen. Dies ergibt die Fassung des § 3 und steht in Übereinstimmung mit seinem Zweck, den Ausschreitungen des „politischen Bandentums" entgegenzutreten. Ebenso Schäfer (Juristische Rundschau 1930 S. 187): „Es genügt, daß der einzelne sich bewußt ist, daß auch die übrigen zu politischen Zwecken erschienen sind, und daß er beabsichtigt, zur gemeinsamen Erreichung des verfolgten Zweckes tätig zu werden." Abweichend hiervon erachtet das BayObLG.

(Entsch. v. 16. 12. 1930, JW. 1931 S. 748) es nicht für erforderlich, daß zwischen dem Täter und den anderen oder einem Teil von ihnen eine durch Parteizugehörigkeit oder sonstwie begründete Gemeinschaft der politischen Gesinnung besteht; nach seiner Auffassung erscheint vielmehr „gemeinsam mit anderen" auch, wer „gleichzeitig mit anderen ebenfalls zur Erreichung eines politischen Zweckes Gekommenen anwesend ist und sich dieser — äußeren — Gemeinschaft bewußt ist". Diese Auffassung, die unrichtigerweise das Wort „gemeinsam" i. S. von „gleichzeitig" auslegt und mit Wortlaut und Zweck des § 3 nicht zu vereinbaren ist, ist abzulehnen (vgl. die Besprechung der Entscheidung von Hoche, JW. 1931 S. 748). Nicht aus § 3 dieses Gesetzes ist daher zu bestrafen, wer als einzelner bewaffnet in eine Versammlung politisch Andersdenkender geht (hier wird regelmäßig der Tatbestand des § 1 dieses Gesetzes oder der §§ 15, 25 Nr. 2 des Schußwaffengesetzes, des § 19 Nr. 2 des Vereinsgesetzes, möglicherweise auch der §§ 107a, 123 des Strafgesetzbuchs erfüllt sein). Dagegen ist der Tatbestand des § 3 erfüllt, wenn der Bewaffnete in Begleitung von mindestens zwei Gesinnungsfreunden in einer Versammlung politischer Gegner erscheint.

### 3. Politische Zwecke

Der Begriff der „politischen Zwecke" ist der Gesetzessprache nicht fremd. Er findet sich z. B. in Art. 124 Abs. 2 der Reichsverfassung und in dem früheren § 61 Abs. 2 BGB.; das Wort „politisch" wird auch sonst in der Gesetzessprache als feststehender Rechtsbegriff verwandt, z. B. in § 3 des Vereinsgesetzes („politischer Verein" = Verein, der eine Einwirkung auf politische Angelegenheiten bezweckt), in § 5 Nr. 4 des Republikschutzgesetzes („politische Betätigung"). In Auslegung des Begriffes der „aus politischen Gründen begangenen Handlung" i. S. des Art. 7 der Anlage III des Schlußprotokolls zum Londoner Abkommen vom 16. August 1924 (RGBl. II S. 289, 345) hat das Reichsgericht (RGStrafS. Bd. 58 S. 415) das Wort „politisch" wie folgt abgegrenzt: „Nicht jede das öffentliche Interesse irgendwie angehende Angelegenheit ist politisch, sondern nur eine solche, die den Staat, seine Verfassung, Gesetzgebung und Verwaltung, insbesondere das staatsbürgerliche Verhältnis seiner Angehörigen oder seine internationalen Beziehungen zu anderen Staaten unmittelbar berührt." Von dieser Rechtsprechung ist auch bei Auslegung des § 3 dieses Gesetzes auszugehen (so auch BayObLG. 16. 12. 1930, JW. 1931 S. 748). Der Begriff der „politischen Zwecke" wird stets erfüllt sein, wenn der Täter zur Erreichung parteipolitischer Ziele tätig wird, z. B. an der Versammlung einer politischen Partei teilnimmt, sich an einer Demonstration einer politischen Gruppe beteiligt, sich mit parteipolitischen Gesinnungsfreunden zusammentut, um politisch Andersdenkende zu überfallen oder eine Versammlung politischer Gegner zu stören oder zu sprengen, parteipolitische Aufrufe anzukleben (Klebekolonnen!) oder Inschriften politischen Inhalts an Mauern oder auf dem Straßenpflaster anzubringen. Politische Angelegenheiten sind aber nicht nur parteipolitische, sondern auch alle Angelegenheiten der sog. großen Politik, auch wenn „unparteiisch" auf sie eingewirkt werden soll (Brecht bei v. Brauchitsch, Verwaltungsgesetze Bd. 2 Anm. 2 zu § 3 des Vereinsgesetzes). Der politische Zweck braucht nicht der Hauptzweck und nicht der einzige Zweck des Erscheinens zu sein. § 3 setzt auch nicht voraus, daß der Täter Mitglied einer politischen Partei oder eines politischen Verbandes ist. Doch wird eine solche Mitgliedschaft in Zweifelsfällen Rückschlüsse auf den politischen Zweck des Erscheinens gestatten. Darauf weist auch die Begr. hin, wenn sie ausführt, daß ein politischer Zweck insbesondere immer dann gegeben sein wird, „wenn Mitglieder politischer Verbindungen, insbesondere von Wehrverbänden, in der Öffentlichkeit zu mehreren demonstrierend auftreten".

### 4. Öffentliche Orte

Auch der Begriff der „öffentlichen Orte" ist der Gesetzessprache nicht fremd (vgl. z. B. §§ 42a, 42b, 43, 60a der Gewerbeordnung) und umfaßt nach feststehender Auslegung alle Orte, die dem Publikum unbeschränkt oder gegen Erfüllung gewisser Bedingungen, z. B. Zahlung eines Eintrittsgeldes, zugänglich sind (Begr. zu § 3; BayObLG. 16. 12. 1930, JW. 1931 S. 748). Es fallen daher unter diesen Begriff in erster Linie die öffentlichen Wege, Straßen und Plätze, ferner Gastwirtschaften aller Art (auch Bahnhofswirtschaften), Bahnhöfe, Eisenbahnen sowie alle anderen öffentlichen Verkehrsmittel (Straßenbahnen, Autobusse), Theater, Kinos. Versammlungslokale fallen dann unter diesen Begriff, wenn ihr Betreten ohne Kontrolle oder gegen Zahlung eines Eintrittsgeldes für jedermann zulässig ist, nicht dagegen, wenn es sich um eine geschlossene Mitgliederversammlung einer Vereinigung handelt (vorausgesetzt, daß eine wirkliche Kontrolle stattfindet, die das Fernbleiben von Nichtmitgliedern gewährleistet). Werden Besuchern nichtöffentlicher politischer Versammlungen vor Betreten des Saales Waffen abgenommen, so wird Bestrafung aus § 3 zu erfolgen haben, wenn die Besucher, was die Regel bilden wird, gruppenweise erscheinen, da sie dann schon auf der Straße, also an einem öffentlichen Orte, gemeinsam erschienen sind; ein einzeln ankommender bewaffneter Besucher ist jedenfalls aus § 1 dieses Gesetzes oder §§ 15, 25 Nr. 2 des Schußwaffengesetzes strafbar.

## 5. Bewaffnet

### a) Grundsätzliches

Der Begriff des „bewaffneten Erscheinens“ findet sich in §§ 11, 19 des Vereinsgesetzes, an die sich, wie schon in Anm. 1 erwähnt, § 3 dieses Gesetzes bewußt angeschlossen hat (über die aus gesetzestechnischen Gründen in § 3 vorgenommene Auseinanderziehung des Begriffes „bewaffnet erscheint“ in „erscheint und dabei bewaffnet ist“ vgl. nachstehend Anm. 6). Die Auslegung, die der Begriff „bewaffnet“ in §§ 11, 19 des Vereinsgesetzes gefunden hat, ist daher auch für die Auslegung des § 3 maßgebend. Das Reichsgericht hat zu diesem Begriff wie folgt Stellung genommen (RGStraff. Bd. 44 S. 140):

„Allerdings wird man nicht jeden Träger eines seiner Beschaffenheit nach gefährlichen Werkzeugs, z. B. eines Taschenmessers, eines Stockes oder Schirmes, als bewaffnet i. S. der §§ 11, 19 des Vereinsgesetzes ansehen dürfen. Vielmehr kann man danach unter „Waffe“ nur einen Gegenstand verstehen, der entweder schon bei seiner Anfertigung von vornherein oder nach dem Willen des Trägers im Einzelfalle dazu bestimmt ist, sei es im Angriff, sei es in der Verteidigung, Verletzungen zuzufügen, und bewaffnet ist jeder, der einen Gegenstand der vorbezeichneten Art oder Bestimmung bei sich trägt und sich dessen bewußt ist.“ (In dem zur Entscheidung stehenden Falle hatte der Angeklagte eine Schraubenmutter nebst dem dazugehörigen Riemenwerke zur Begehung vorsätzlicher Körperverletzungen bestimmt und sie in einen dieser Zweckbestimmung entsprechenden verwendungsbereiten Zustand gebracht; das Reichsgericht stellte fest, daß die Schraubenmutter dadurch die Eigenschaft des Geräts oder Maschinenteils verloren und die einer Waffe angenommen hatte.)

In Übereinstimmung hiermit steht die Stellungnahme des Preußischen Oberverwaltungsgerichts (Entsch. vom 15. Mai 1913, Bd. 66 S. 323):

„. . . . In der Regel sind demnach unter ‚Waffe‘ nur diejenigen Gegenstände zu verstehen, welche zur Zufügung von Verletzungen beim Angriff oder bei der Verteidigung geeignet und hierzu entweder nach ihrem natürlichen Zwecke oder im einzelnen Falle nach dem Willen des Trägers bestimmt sind. Es sind also nicht alle gefährlichen Werkzeuge ‚Waffen‘ im Sinne des § 11 des Reichsvereinsgesetzes, sondern nur diejenigen, denen nach der Art ihrer Anfertigung oder Zurichtung der technische Begriff einer Waffe (Hieb-, Stich-, Stoß- oder Schußwaffe) zukommt; andererseits gewinnen die zu dem Gebrauch als Waffe nicht allgemein bestimmten Gegenstände (Axt, Beil, Sense und dgl.) die rechtliche Eigenschaft als Waffe dann, wenn ihr Mitnehmen in eine öffentliche Versammlung oder bei einem öffentlichen Aufzuge mit der Absicht geschieht, mit ihnen angriffs- oder verteidigungsweise Verletzungen zuzufügen."

Dieser Rechtsprechung hat sich auch das Kammergericht angeschlossen (vgl. die Entsch. vom 12. 5. 1930, JW. 1930 S. 3002, über die Eigenschaft eines Sportspeeres als Waffe).

Sie ist der Auslegung des § 3 dieses Gesetzes zugrunde zu legen (übereinstimmend für den gleichlautenden § 3 der Verordnung vom 25. Juli 1930: BayObLG. 16. 12. 1930, JW. 1931 S. 748).

b) Einzelheiten

Waffen im Sinne des § 3 sind somit:

1. Schußwaffen; auch solche, die gemäß § 1 der Ausführungsverordnung vom 13. Juli 1928 (RGBl. I S. 198) den Vorschriften des Gesetzes über Schußwaffen und Munition nicht unterliegen.

2. Hieb- oder Stoßwaffen im Sinne des § 1 dieses Gesetzes (vgl. die Erläuterungen in Anm. 1 zu § 1, insbesondere die Einzelbeispiele in Anm. 1c).

Zu 1 und 2. Auch hinsichtlich dieser Waffen ist nach § 3 nur strafbar, wer sie „als Waffe" führt, nicht etwa nur als Kostüm- oder Schmuckstück (vgl. § 1 Anm. 2b am Ende). Nicht erforderlich ist aber die Absicht, von der Waffe Gebrauch zu machen.

3. Alle sonstigen Gegenstände, die nach dem Willen des Trägers als Waffe, d. h. dazu dienen sollen, im Angriff oder in der Verteidigung Verletzungen beizubringen. Hierunter können objektiv alle Gegenstände fallen, mit denen Verletzungen beigebracht werden können, insbesondere alle in Anm. 1d und e zu § 1 aufgeführten Gegenstände. Nur sind sie nicht ohne weiteres Waffen im Sinne des § 3, sondern nur dann, wenn sie vom Träger als Waffe bestimmt sind. Die Feststellung dieses subjektiven Momentes ist Tatfrage des Einzelfalles. Aus dem Mitbringen eines Schraubenschlüssels, eines dicken Knüppels, einer Zaunlatte, einer Eisenstange, einer Axt u. dgl. in eine Versammlung oder einen Aufzug wird mit Sicherheit auf die Willensrichtung des Trägers geschlossen werden können. Nicht dagegen ohne weiteres aus dem Mitbringen eines gewöhnlichen Taschenmessers oder Spazierstockes. Hier müssen besondere Umstände hinzutreten, damit von einem bewaffneten Erscheinen gesprochen werden kann, z. B. daß der Träger sich des Vorhabens einer Gewalttätigkeit mit ihnen gerühmt hat. Auch örtliche Gepflogenheiten können hier ins Gewicht fallen. Das gilt insbesondere hinsichtlich der in Anm. 1 e zu § 1 behandelten griffesten Messer. Wer z. B. in Norddeutschland ein Fahrtenmesser in eine politische Versammlung mitbringt, wird dies regelmäßig nur

tun, um sich seiner zu Angriffs- oder Verteidigungszwecken zu bedienen. Hier spricht also die Wahrscheinlichkeit für ein „bewaffnetes Erscheinen“ im Sinne des § 3. Anders z. B. in Bayern, wo es besonderer Feststellung bedürfen wird, daß das Messer als Waffe getragen wird (und nicht „ohne Arg, also ohne böse Nebenabsicht“: BayObLG. 16. 12. 1930, JW. 1931 S. 748).

### 6. Bewaffnetes „Erscheinen“

„Aus gesetzestechnischen Gründen ist im § 3 nicht ausdrücklich der in den §§ 11, 19 des Vereinsgesetzes enthaltene Wortlaut „bewaffnet erscheint“ gewählt worden, da die Fassung ‚Wer gemeinsam mit anderen zu politischen Zwecken an öffentlichen Orten bewaffnet erscheint‘ die Folgerung rechtfertigen könnte, daß sich das Wort „gemeinsam“ auch auf ‚bewaffnet‘ bezieht, daß also mehrere der Erschienenen bewaffnet sein müssen, während die Strafdrohung tatsächlich bereits dann gerechtfertigt ist, wenn eine der mehreren Personen eine Waffe führt. Aber auch die im § 3 vorgesehene Auseinanderziehung des Tatbestandes (‚erscheint und dabei bewaffnet ist‘) läßt klar erkennen, daß hier dieselbe Tätigkeit mit Strafe bedroht wird, die die §§ 11, 19 des Vereinsgesetzes für ihren Wirkungsbereich verbieten, nämlich das Anwesendsein mit Waffen im weitesten Sinne“ (Begr. zu § 3).

Der Begriff des „Erscheinens“ ist somit gleichbedeutend mit „Anwesend sein“. Dies ist auch hinsichtlich der §§ 11, 19 des Vereinsgesetzes in der in Anm. 5a angeführten Entscheidung des Reichsgerichts (RGStraff. Bd. 44 S. 140) ausgesprochen. § 3 ist also nicht nur anwendbar, wenn der Täter die Waffe an den öffentlichen Ort mitbringt, sondern z. B. auch dann, wenn er sie sich in einer Versammlung von einem anderen, der sie mitgebracht hat, geben läßt. Bewaffnet „erscheint“ auch, wer erst an dem öffentlichen Orte den Entschluß faßt, einen nicht von vornherein als Waffe bestimmten Gegenstand, den er bei sich hat (z. B. ein Taschenmesser), als Waffe zu benutzen (vgl. RG. 17. 2. 1931, DJZ. 1931 S. 501). Dies wird in der Praxis allerdings als innerer Vorgang schwer oder nur selten nachzuweisen sein. Wer aber in Notwehr mit einem subjektiv als Waffe bestimmten Gegenstand einen Angriff abwehrt, bleibt selbstverständlich straflos.

### 7. Ausnahmen von dem Verbot (Abs. 3).

Der mit § 3 verfolgte Zweck einer Befriedung des öffentlichen politischen Lebens ließ es nicht als angebracht erscheinen, von der Strafdrohung des § 3 in demselben Umfange wie von dem Verbote des § 1 Ausnahmen zuzulassen. Lediglich Personen, die kraft ihres öffentlich-rechtlichen Dienstverhältnisses zum Führen von Waffen berechtigt sind (über die Einzelheiten dieses Begriffs vgl. Anm. 1 zu § 2), gestattet der Abs. 3 des § 3, innerhalb der Grenzen dieser Berechtigung auch gemeinsam mit anderen zu politischen Zwecken an öffentlichen Orten bewaffnet zu erscheinen. Dagegen ist für die im § 2 Nr. 2 bis 5 aufgeführten Personengruppen keine Befreiung von dem Verbote des Abs. 1 des § 3 zugelassen. Es berechtigt also beispielsweise weder der Schußwaffenschein noch die Ermächtigung zum Führen von Hieb- oder Stoßwaffen (§ 2 Nr. 3), bei der Teilnahme an einer öffentlichen politischen Versammlung oder an einem politischen Aufzuge oder an einer sonstigen an öffentlichen Orten stattfindenden politischen Demonstration eine Waffe zu führen.

### 8. Bestrafung

#### a) Innerer Tatbestand

Für den inneren Tatbestand des § 3 ist Vorsatz zu fordern, d. h. der Täter muß in Kenntnis aller zum äußeren Tatbestand gehörenden Merkmale erschienen sein. Aus der politischen Einstellung des Täters wird häufig auf seine Willensrichtung geschlossen werden können.

#### b) Strafe

Die Strafdrohung des § 3 trifft nur den „bewaffnet“ Erschienenen, dagegen nicht die gemeinsam mit ihm unbewaffnet Erschienenen, auch dann nicht, wenn sie von dem Waffenbesitz des Täters wußten oder sogar den Waffengebrauch durch ihn wünschten. Die Mindeststrafe beträgt Gefängnis nicht unter drei Monaten. Eine Herabsetzung der Mindeststrafe bei mildernden Umständen ist nicht vorgesehen. Eine Umwandlung in Geldstrafe ist nicht zulässig, da die nach § 27b StGB. hierfür erforderlichen Voraussetzungen nicht gegeben sind. Der Versuch ist nicht strafbar. Die Strafverfolgung verjährt in 5 Jahren (§ 67 Abs. 2 StGB.).

#### c) Einziehung

Die Waffe kann, auch wenn sie nicht dem Täter gehört, neben der Strafe oder im objektiven Strafverfahren eingezogen werden (Abs. 2). Die Voraussetzungen der Einziehung sind ebenso wie im Falle des § 1 Abs. 2 abgegrenzt; vgl. wegen der Einzelheiten Anm. 3c zu § 1.

#### d) Zusammentreffen mit anderen Straftaten

§ 3 geht als Spezialvorschrift den Bestimmungen des § 1 dieses Gesetzes sowie der §§ 15, 25 Nr. 2 des Schußwaffengesetzes vor. Ebenso auch den Bestimmungen der §§ 11, 19 des

Vereinsgesetzes. Letztere haben jetzt nur noch für solche öffentliche Versammlungen und Aufzüge Bedeutung, die keinen politischen Zweck zum Gegenstande haben. — Wird mit der Waffe eine strafbare Gewalttätigkeit (Tötung, Körperverletzung, Sachbeschädigung) begangen, so steht diese Gewalttätigkeit mit der nach § 3 dieses Gesetzes strafbaren Handlung in Realkonkurrenz.

## Abschnitt III

### § 4

**(1) Dieses Gesetz tritt mit dem Tage nach seiner Verkündung in Kraft.**

**(2) § 3 tritt mit dem Außerkrafttreten des Gesetzes zum Schutze der Republik vom 25. März 1930 (RGBl. I S. 91) außer Kraft.**

1. Abs. 1

Das Gesetz ist in der am 28. März 1931 ausgegebenen Nr. 10 des Reichsgesetzblatts Teil I Seite 77 verkündet worden, es ist daher mit Beginn des 29. März 1931 in Kraft getreten. Gleichzeitig ist die Verordnung gegen Waffenmißbrauch vom 25. Juli 1930 (RGBl. I S. 352) außer Kraft getreten (Verordnung vom 28. März 1931, RGBl. I S. 78).

2. Abs. 2

Während der Abschnitt I des Gesetzes als Dauervorschrift gestaltet ist, erscheint die im Abschnitt II enthaltene strenge Strafdrohung nur für eine Zeit gerechtfertigt, in der die Zuspitzung der politischen Gegensätze und ihre Austragung durch Gewalttätigkeiten eine besondere Bekämpfung durch verschärfte Strafgesetze erfordert. In der Erwartung, daß in absehbarer Zeit wieder normale Verhältnisse eintreten werden, unter denen die Vorschriften des § 15 des Schußwaffengesetzes, des § 1 dieses Gesetzes und der §§ 11, 19 des Vereinsgesetzes zur Bekämpfung des unbefugten Waffenführens ausreichen, ist die Geltungsdauer des § 3 dieses Gesetzes befristet worden. Da die gesetzgeberischen Gründe, die ihm zugrunde liegen, nämlich die Verhinderung politischer Gewalttätigkeiten, dieselben sind, die unter anderen auch zum Erlasse des Gesetzes zum Schutze der Republik vom 25. März 1930 (RGBl. I S. 91) geführt haben, ist seine Geltungsdauer der des Republikschutzgesetzes angepaßt worden. § 3 tritt daher spätestens am 31. Dezember 1932 außer Kraft.

---

V.

# Ausführungsvorschriften

## A. Erlaß des Preußischen Ministers des Innern vom 2. April 1931 (MBliV. S. 351)

Zum Gesetz gegen Waffenmißbrauch vom 28. März 1931 (RGBl. I S. 77) wird von mir nach Anhörung des Staatsrats eine Ausführungsverordnung erlassen werden, die die gleiche Zuständigkeitsregelung für die Erteilung der in diesem Gesetz vorgesehenen Ermächtigungen zum Führen von Hieb- oder Stoßwaffen enthält wie meine Ausführungsverordnung vom 2. Oktober 1930 zu der Notverordnung gegen Waffenmißbrauch vom 25. Juli 1930 (MBliV. S. 874). Die im Abs. 2 dieser Ausführungsverordnung enthaltenen Richtlinien werden entsprechend anzuwenden sein.

## B. Ausführungsverordnung des Preußischen Ministers des Innern vom 2. Oktober 1930 (MBliV. S. 874) zu der Verordnung des Reichspräsidenten auf Grund des Art. 48 der Reichsverfassung gegen Waffenmißbrauch vom 25. Juli 1930 (RGBl. I S. 352)

Zur Ausführung der Verordnung des Reichspräsidenten auf Grund des Art. 48 der Reichsverfassung gegen Waffenmißbrauch vom 25. Juli 1930 (RGBl. I S. 352) wird folgendes verordnet:

1. Die in § 2 Ziff. 3 der Verordnung vorgesehene behördliche Ermächtigung zum Führen von Hieb- oder Stoßwaffen wird in kreisfreien Städten und in den nach § 27 Abs. 1 der Kreisordnung für die Provinz Hannover vom 6. Mai 1884 (GS. S. 181) selbständigen Städten, sowie an Orten mit staatlicher Polizeiverwaltung von der Ortspolizeibehörde, im übrigen vom Landrat erteilt.

2. Über die erteilte Ermächtigung ist dem Antragsteller eine auf seine Person lautende Bescheinigung nach dem in der Anlage aufgeführten Muster auszustellen.

Im ürbigen wird zur Ausführung der Verordnung folgendes bemerkt:

Zu § 1: Hieb- oder Stoßwaffen im Sinne der Verordnung sind Waffen, die ihrer Natur nach dazu bestimmt sind, durch Hieb, Stoß oder Stich Verletzungen beizubringen. Danach fällt das Tragen von Schmuckwaffen (z. B. Degen und Rapiere), die nach ihrer Bestimmung und nach dem Herkommen bei Umzügen von Schützengilden, Kriegervereinen, studentischen Verbindungen u. ä. getragen werden, nicht unter das Verbot des § 1.

Zu § 2 Ziff. 3: Über die Erteilung der Ermächtigung entscheidet die zuständige Behörde nach freiem Ermessen. Die Ermächtigung darf nur im Falle tatsächlichen Bedürfnisses und unbedingter Zuverlässigkeit des Antragstellers erteilt werden. Sie ist insbesondere in den Fällen der Ziff. 1—5 des § 16 des Gesetzes über Schußwaffen und Munition vom 12. April 1928 (RGBl. I S. 143) zu versagen.

Ein Bedürfnis wird nur in den seltensten Fällen vorliegen. Soweit es jedoch im Einzelfalle bei strengster Prüfung anerkannt werden muß, wird der örtliche Geltungsbereich der Ermächtigung häufig auf einen Teil des Amtsbereichs der ausstellenden Behörde oder auf bestimmte ausdrücklich bezeichnete Anlässe und Örtlichkeiten zu beschränken sein. Die Dauer der Gültigkeit ist möglichst kurz, höchstens auf die Zeit der Gültigkeit der Verordnung, zu bemessen.

Die Erhebung von Verwaltungsgebühren für die Ausstellung der Ermächtigung bestimmt sich nach den Vorschriften des Gebührentarifs — lfd. Nr. 30 II — zur Preuß. Verwaltungsgebührenordnung vom 30. Dezember 1926 (GS. S. 327).

Zu § 3: Das Verbot der Bewaffnung richtet sich an jeden, der gemeinsam mit anderen zu politischen Zwecken an öffentlichen Orten erscheint, auch wenn es sich nicht um öffentliche Versammlungen und Umzüge handelt. Strafbar ist jeder, der bewaffnet ist, auch wenn die anderen Erschienenen unbewaffnet sind.

Waffe im Sinne des § 3 ist jeder Gegenstand, der entweder bei seiner Anfertigung von vornherein, oder der nach dem Willen des Trägers im Einzelfalle dazu bestimmt ist, sei es im Angriff, sei es in der Verteidigung, Verletzungen zuzufügen; bewaffnet ist jeder, der einen Gegenstand der vorbezeichneten Art oder Bestimmung bei sich trägt und sich dessen bewußt ist (vgl. Entscheidungen des Reichsgerichts in Strafsachen Bd. 44 S. 140). Es fallen also unter diese Bestimmung sowohl Schußwaffen als auch Hieb- und Stoßwaffen im technischen und nichttechnischen Sinne.

Zu § 4: Für Polizeiverordnungen ist neben der abschließenden Regelung durch die Verordnung des Reichspräsidenten kein Raum.

Anlage.

**Ermächtigung**

zum Führen einer Hieb- oder Stoßwaffe
(Verordnung gegen Waffenmißbrauch vom 25. Juli 1930,
RGBl. I S. 352)

Nr. .........

Gültig für ...................................

Nur gültig mit entwerteter (abgestempelter) Gebührenmarke.

Zum Führen einer Hieb- oder Stoßwaffe berechtigt diese Ermächtigung den Inhaber nicht, wenn er gemeinsam mit anderen zu politischen Zwecken an öffentlichen Orten erscheint (vgl. § 3 der Verordnung gegen Waffenmißbrauch).

..........................................................

wohnhaft in ..................................................

geboren am .................. in ..........................

Reichsangehöriger / Nichtreichsangehöriger (Nichtzutreffendes ist zu durchstreichen)

wird hierdurch die Ermächtigung

zum Führen ...............................................
(genaue Bezeichnung der Waffe)

ür ..........................................................
(Geltungsbereich)

erteilt.

.................., den ..................
(Ort)

........................ (Stempel)
(Dienststelle)

## C. Allgemeine Verfügung des Preußischen Justizministers vom 29. Juli 1930 (JMBl. S. 265) [1])

Die zunehmende Verrohung des politischen Kampfes, insbesondere die sich häufenden planmäßigen Überfälle von bewaffneten Gruppen radikaler Parteien auf politische Gegner haben in letzter Zeit die öffentliche Sicherheit in bedrohlicher Weise gefährdet. Zur Verhütung derartiger Ausschreitungen hat der Herr Reichspräsident auf Grund des Art. 48 der Reichsverfassung die Verordnung gegen Waffenmißbrauch vom 25. Juli 1930 — RGBl. I S. 352 — erlassen. Nach § 3 wird mit Gefängnis nicht unter 3 Monaten bestraft, wer gemeinsam mit anderen zu politischen Zwecken an öffentlichen Orten erscheint und dabei bewaffnet ist. Eine Umwandlung der Gefängnis- in eine Geldstrafe ist nicht zulässig (§ 27b StGB.). Soll der Zweck der Verordnung erreicht werden, so wird die verhängte Gefängnisstrafe in der Regel unnachsichtlich vollstreckt werden müssen. Ihre bedingte Aussetzung mit Bewährungsfrist wird nur ganz ausnahmsweise beim Vorliegen besonderer Umstände gewährt werden dürfen. Auch die bedingte Aussetzung eines Teils der Strafe wird grundsätzlich nur in Frage kommen, wenn mindestens 3 Monate der Strafe vollstreckt sind. Die Oberstaatsanwälte ersuche ich, bei ihrer Stellungnahme zur Frage der Strafaussetzung auf die Beachtung dieser Gesichtspunkte hinzuwirken.

---

[1]) Gemäß Allg. Verfügung vom 30. 3. 1931 (JMBl. S. 126) gelten die in der vorstehenden Verfügung hinsichtlich der Bewilligung bedingter Strafaussetzung ausgesprochenen Grundsätze auch für Strafen, die auf Grund des § 3 des Gesetzes gegen Waffenmißbrauch verhängt werden.

VI.

# Alphabetisches Sachverzeichnis

(Die Zahlen bezeichnen die Seiten)

Gedruckt bei F. E. Preuß, Berlin S 14